Esclavitud, redes y territorios
El comercio de esclavos en el espacio cordobés (1588-1640)

Colección
    Estudios de Historia Local; Núm. 3, 2025
http://tiny.cc/edUPV_ehl

Dirección científica
    Vicent Giménez Chornet. *Universitat Politècnica de València (España)*

Comité editorial
    Mariano Castellanos Arenas. *Benemérita Universidad Autónoma de Puebla (México)*
    Germán Navarro Espinach. *Universidad de Zaragoza (España)*
    Antoni Furió Diego. *Universitat de València (España)*
    Danay Ramos Ruiz. *Universidad Tecnológica de Santiago (República Dominicana)*
    Susana Borgarello. *Universidad Nacional de Córdoba (Argentina)*

Normativa
    Selección y evaluación
    Envíos y normas de estilo

ISSN 2952-4040

Números anteriores
    Núm 1 Història Local: estudis multidisciplinaris de la Ribera del Xúquer
    Núm 2 L'escola pública d'Alberic al segle xix

Esclavitud, redes y territorios
El comercio de esclavos en el espacio cordobés (1588-1640)

Alexandra Pita González y Claudia Tomadoni

edUPV
Universitat Politècnica de València

Colección *Estudios de Historia local*; nº 3
http://tiny.cc/edUPV_ehl

Los contenidos de esta publicación han sido aprobados por el Comité Editorial siguiendo el procedimiento de revisión por pares que se recoge en https://monografias.editorial.upv.es/index.php/ehl/revision

Para referenciar esta publicación utilice la siguiente cita:

Pita González, Alexandra; Tomadoni, Claudia (2025). *Esclavitud, redes y territorios. El comercio de esclavos en el espacio cordobés (1588-1640)*. edUPV. https://doi.org/10.4995/EHL.2025.681801

© 2025, edUPV (Editorial Universitat Politècnica de València)
   Venta: www.lalibreria.upv.es / Ref.: 2009_08_01_01

Diseño y maquetación: Triskelion Diseño Editorial
Imprime: Byprint Percom sl

ISBN: 978-84-1396-337-2
DOI: https://doi.org/10.4995/EHL.2025.681801

Agradecimientos

Es difícil hacer un agradecimiento en un período tan extenso de tiempo. En aquel entonces, cuando realizamos la tesis, agradecimos a muchas personas que nos brindaron su apoyo y que compartieron con nosotras ese camino recorrido que nos permitió finalizar tanto la tesis como la licenciatura. En especial a la Dra. Josefina Piana, directora de nuestra tesis, quien nos ofreció sus conocimientos, dedicación y tiempo durante ese proceso de aprendizaje. Debemos hacer una mención especial al profesor Roberto Miatello, quien, con mucha gentileza, atendió nuestras consultas relativas al espacio geográfico. Sin el apoyo y la enseñanza en paleografía y diplomática, de la mano de las profesoras Branka Tanodi y Rina Mesina, habría sido imposible descifrar esa numerosa cantidad de documentos escritos en una odiosa letra encadenada.

También agradecimos con cariño a las profesoras Patricia García y Paula Costa por el intercambio documental realizado al trabajar el mismo período para el distrito de Córdoba. Entre las cuatro pudimos elaborar un catálogo completo de todos los documentos que se encontraban en los registros notariales de Córdoba entre 1588 y 1640. Lamentablemente este material nunca se publicó. En ese entonces, y ahora por supuesto, expresamos que ese trabajo nunca se hubiera terminado sin el invalorable apoyo de nuestros padres, el estímulo de nuestros amigos y hermanos, y, sin duda, la comprensión de Manfred y Fernando, nuestros entonces novios, luego esposos y padres de nuestros hijos e hijas, quienes han respetado y acompañado nuestra pasión por esta historia. A nuestra descendencia: Natasha, Pablo, Lara y Martín, porque, aunque no fueron parte de la misma, nos la han escuchado contar en más de una ocasión y han aprendido (esperamos) a respetar la herencia africana que todos tenemos.

Para esta nueva versión agradecemos la colaboración de Fernando Morales y de Florencia Sosa en la reelaboración del material visual, que fue minuciosa, dado que rescatar del ejemplar impreso y de viejos disquetes la información y luego traducirla en bases de datos para poder graficar y elaborar mapas nuevos fue una labor delicada. Expresamos también nuestro reconocimiento a la colega Danay Ramos, quien al enterarse de este viejo trabajo se entusiasmó y conversó con Vicent Giménez Chornet, director de la colección Estudios de Historia Local de la Editorial de la Universitat Politècnica de València. Sin su apoyo esta publicación sería imposible.

Índice

Índice de figuras

Ilustraciones

Mapas

Tablas

Prefacio

Entre 1990 y 1994, dos jóvenes apasionadas en sus estudios de etnohistoria y geografía en la carrera de Licenciatura en Historia de la Universidad Nacional de Córdoba (Argentina) se embarcaron en el proyecto de escribir, como tesis de grado, un estudio sobre el comercio de esclavos durante los primeros años de vida de la ciudad de Córdoba (Pita González y Tomadoni, 1994). Alejada del puerto oceánico pero convertida en una aduana seca, Córdoba fungió como un nodo indispensable al conectar con el Alto Perú, Chile, Buenos Aires, Brasil y la costa de África. Estudiar el comercio, aunque frío en sus dimensiones humanas, se convirtió en una vía de entrada para entender el impacto de ese trajín que cruzaba el espacio, estructurándolo a través de circuitos comerciales que cruzaban océanos, pampas, sierras y cordilleras. Delinear ese trajín que circulaba constantemente a través del contrabando con mulas, carretas y esclavos permitió no solo recrear la geografía humana de un amplio espacio, sino también acercar tangencialmente a una historia desconocida, donde quedaba en evidencia la importancia de la presencia de la población africana en los por entonces territorios del Río de la Plata y de las provincias de Córdoba del Tucumán.

Esta población había sido silenciada en la historia local y nacional, donde reinaba el mito de un país construido fundamentalmente por la inmigración europea del siglo XIX. Por ello, al conocerse que estábamos estudiando un tema tan desconocido, un diario estatal realizó una entrevista, la cual, como se dice coloquialmente, "levantó polvareda", al generar en el público la duda de qué había pasado con esa población esclava en Córdoba, dado que (aparentemente) había desaparecido. Un interés similar despertó entre los y las colegas cuando presentamos nuestros primeros resultados

1

de investigación en un congreso de estudiantes de historia en agosto de 1992 y, pocos meses después, en la Conferencia Internacional Presencia de África en América realizado en La Habana, Cuba, en diciembre de ese año con motivo de los quinientos años del encuentro mutuo entre dos mundos[1].

Así, el mérito de la investigación consistía en un primer plano en dar a conocer la importancia de esta población en la historia y sumar al mismo tiempo nuestra indagación a trabajos anteriores. Al inicio, se retomaron los trabajos de los historiadores Ceferino Garzón Maceda (1968) y Sempat Assoudorian (1965), quienes permitían entender la existencia del comercio de esclavos en el Río de la Plata y el papel que jugaron los vecinos cordobeses en un período complejo de conquista y colonización. Nos apoyamos entonces en estudios que permitían abarcar contextos espaciotemporales más amplios. Para entender la estructura económica y el contrabando que ingresaba por el Río de la Plata, fueron de gran ayuda las investigaciones de Zacarías Moutoukias (1988), así como para comprender el espacio geográfico como construcción social a través de la conformación de redes y circuitos fueron fundamentales los trabajos de Luis Miguel Glave (1983), Juan Carlos Garavaglia (1983) y Carlos Sempat Assadourian (1983). Por aquel entonces, nuestro acercamiento a conceptos geográficos en general fueron los obtenidos de los trabajos de Oliver Dollfus (1978 y 1990), Paul Claval (1979), Josefina Ostuni (1992), y en particular, del trabajo pionero de Fernand Braudel (1948) sobre *Du Potosí à Buenos Aires: une route clandestine de l'argent*. En aquel momento utilizamos el concepto genérico de espacio geográfico (posteriormente, y fuera del alcance de esta investigación, abordaríamos el concepto de territorio como una porción del espacio geográfico)[2]. Específicamente para adentrarnos en las características de estos esclavos que llegaban a Córdoba resultaron de interés otros estudios sobre esta población en Chile y Perú, como los de Rolando Mellafe (1984b) y Herbert Klein (1993). Estos nutrieron nuestra perspectiva al entender el comercio como generador de espacios de circulación de las personas a través del espaciotiempo.

Otro mérito fue la consulta de los documentos históricos resguardados en el Archivo Provincial de Córdoba, desafío significativo, dado su mal estado de conservación. Horas interminables de lecturas de documentos escritos en castellano antiguo y con letra encadenada, manos resecas por el contacto con papel antiguo y hojas desgranadas de libros por falta de cuidado de los repositorios del archivo no detuvieron aquel trabajo que se inició relevando todas las actas notariales de ese amplio período histórico entre 1588 y 1640. En esta serie documental encontrábamos esclavos por doquier, en las compraventa, remates y transacciones comerciales, pero también en las dotes que daban a las mujeres para casarse y en los testamentos donde los vecinos confesaban

---

[1] Pita González y Tomadoni, 1992.

[2] Tomadoni, 2024.

sus hijos "naturales". Pese a un rastreo profundo de los documentos históricos, seguía siendo una incógnita cómo se desarrollaba este comercio de contrabando, duda que pudimos solventar tras analizar los pleitos judiciales entre vecinos de Córdoba. Poco a poco ese mundo material, donde los esclavos eran solo una mercancía, comenzaba a tomar un tinte más humano. La aventura tomó rumbo y derivó en un trabajo de tesis defendido ante un tribunal en julio de 1994 en la Escuela de Historia de la Facultad de Filosofía y Humanidades de la Universidad Nacional de Córdoba.

Si bien el trabajo fue leído en 1999 por el historiador Zacarias Moutoukias, quien lo elogió por la base documental recopilada de un archivo provincial del interior y la argumentación construida para mostrar los comercios a larga distancia en torno a una mercadería tan preciada como eran los esclavos en el tiempo de la temprana colonia, lo cierto es que aquel trabajo durmió en un anaquel de la biblioteca de la Facultad de Filosofía y Humanidades. No se publicó por falta de fondos, por la falta de costumbre académica, o quizás el porqué radique en que ambas jóvenes tomaron rumbos diversos: una migró hacia México y la otra hacia Alemania. Sus investigaciones a partir de ese momento se orientaron hacia otros temas, aunque las problemáticas de fondo continuaron vinculadas a la formación de circuitos y redes en otras actividades económicas y simbólicas. Pese a esto, la tesis fue consultada y citada posteriormente por muchos historiadores, entre colegas como Becerra (2008), Rosal (2010), Buffa y Becerra (2014), Ramírez (2018), González Navarro (2023). Incluso, en un determinado momento, manos ávidas de lo ajeno robaron el único ejemplar en papel del trabajo que se encontraba en la biblioteca de la Universidad Nacional de Córdoba. Así se invisibilizaba aún más un trabajo que fue pionero, no solo por dejar al descubierto la historia silenciada de la población africana en la historia local, sino que su enfoque interdisciplinario, desde la etnohistoria y la geografía, era innovador tanto en lo teórico como en lo metodológico.

Recién en 2018, estas jóvenes devenidas en investigadoras doctoradas y premiadas en diferentes instancias se reencontraron físicamente y compartieron la sensación de deuda que tenían con aquel trabajo que las inició en el arte de investigar. Esa deuda es la que hoy buscamos saldar publicando aquella tesis bajo el nuevo título *Esclavitud, redes y territorios. El comercio de esclavos en el espacio cordobés (1588-1640)*. Dado que fue defendida en 1994 es evidente que la bibliografía está desactualizada. Por ello, y para no cambiar el sentido, se tomó la decisión de que los capítulos mantuvieran su estructura, aunque se modificaron algunos títulos y subtítulos. Mientras que los gráficos, tablas, figuras, anexos y mapas fueron reelaborados para una mejor calidad en la visualización. Tanto la introducción como la conclusión se mantuvieron intactas, pero se agregó este prefacio y una reflexión final.

Decidimos que sería difícil e improcedente actualizar la bibliografía en la versión inicial, porque modificaría la interpretación realizada por aquel entonces.

Por ello, se dejó intacta en la introducción aquel viejo estado del arte, pero se agregan en este prefacio algunas consideraciones sobre las tendencias en las recientes investigaciones. Cualquier búsqueda en Google, en bibliotecas físicas o virtuales, permite encontrar que los estudios sobre los afroargentinos han avanzado notablemente en los últimos treinta años. Desde el inicio, hay nuevas "sacudidas" mediáticas locales que alertan a la población, aún descreída, del peso que tuvo esta población en la ciudad y en su historia[3]. A este tipo de estrategia se agrega la labor de grupos que buscan sensibilizar a la población[4].

Por otra parte, los trabajos académicos han aumentado en calidad y profundidad. En relación a las rutas, las redes y el comercio de esclavos que se desarrolló en el primer período de la colonia; investigaciones recientes ponen de manifiesto, a través de un entrecruzamiento de fuentes documentales y sus análisis minuciosos, que el tráfico entre Brasil y Argentina fue más complejo de lo que se interpretó anteriormente. Este comercio interamericano fue fundamental para la dispersión de los esclavos provenientes de distintas zonas de África e incluso de esclavos amerindios. Así, la comunicación entre estos puertos fue fluida antes e incluso después de la separación de las dos coronas (española y portuguesa) en 1640[5]. En este sentido, otras investigaciones han explorado la dinámica entre el tráfico transatlántico e interamericano, mostrando además como el juego entre el micro y macroanálisis brinda una perspectiva de la diáspora africana más integrada a un sistema global. Para entender estas rutas y circuitos fue necesario también que el análisis combinara el uso de grandes bases de datos con la reconstrucción a través de documentos notariales[6].

Miguel Ángel Rosal compiló en el 2010 una lista bibliográfica sobre los estudios de los afroargentinos. Si uno analiza esta larga y completa lista puede notar ciertas características: desde la década de los 90 se han diversificado estos estudios desde la historia demográfica, social, cultural y económica. Sin embargo, se observa también un cambio de explicaciones amplias a otras muy puntuales (tal grupo, en tal pueblo, en tal año), lo cual, a nuestro juicio, no es del todo productivo al no permitir análisis comparativos y discusiones teóricas y metodológicas que permitan trascender los estudios de caso. Si pasamos esta lista por un filtro temporal, existe un predominio en el estudio de los siglos XVIII

---

[3] Como aquella nota aparecida en el periódico *La Voz del Interior* escrito por Fernando Agüero "Córdoba negó y ocultó a sus abuelos negros", publicado el 18 de abril del 2005, o cinco años después, el de 31 de julio del 2010, escrito por María Luz Cortéz con el estruendoso título "El 3 % de los cordobeses tendría descendencia africana". A ninguno de estos artículos se puede ya acceder digitalmente, pero suponemos que causaron entre el público un efecto, si no de interés, al menos de curiosidad.

[4] Existe un grupo en Córdoba que, desde 2019 cuando se instauró por ley N° 26.852 el 8 de noviembre como el Día Nacional de los Afroargentinos, reunió un colectivo de personas que, a través de visitas guiadas, charlas y acciones artísticas sensibilizan a la población "recuperando fragmentos de memoria de aquellos que han sido olvidados, invisibilizados". https://rutadelesclavocba.wordpress.com/

[5] Schultz, 2017, pp. 253-266.

[6] Ver los interesantes capítulos en el libro de Borucki, Eltis y Wheat, 2020.

y XIX, siendo el siglo XVII abordado fundamentalmente en la segunda mitad. Son realmente escasos los trabajos como el que aquí presentamos, que se adentran en el siglo XVI e inicios del XVII, posiblemente esto se deba a la gran dificultad que presentan las fuentes documentales. En la lista de Rosal, los trabajos sobre Córdoba representan un número significativo, aunque la mayoría se concentra en el estudio de esta población en las estancias jesuíticas, seguramente por la gran cantidad de mano de obra esclava que utilizaban y la importancia de estas estancias como enclaves económicos y sociales durante la época colonial. Otros microespacios estudiados son las cofradías y los monasterios, donde es cada vez más evidente la presencia de los afrocordobeses y, en ellos, las múltiples estrategias de adaptación[7].

Adentrándonos en los albores del período independiente, los estudios se focalizaron en la participación de los esclavos en las guerras y batallas, y en estudios de cómo "desaparecieron" a través de los censos en el siglo XIX, los cuales tendían a blanquear la población en busca de un ciudadano[8]. Esta conversión en ciudadanos por los nuevos Estados nacionales en América Latina a lo largo de ese siglo no impidió que siguieran estigmatizando a esta población (como en el período colonial), ni que siguieran conformando el sector "más bajo en la escala social". El paraguas del liberalismo económico, al igual que el del pensamiento positivista en la ciencia, mantuvo un discurso igualmente homogéneo y hegemónico, que siguió negando y ocultando a un sector de la sociedad, construyendo discursos que "valoraron el aporte identitario, cultural, social y económico de los blancos y de los mestizos o criollos en desmedro de las grupos subalternos. En cualquier caso, los afros y sus descendientes fueron excluidos de los relatos históricos nacionales, soslayando sus aportes culturales en los nuevos Estados pos coloniales". Según el país de América Latina del que se tratase, esto pasó de un "ocultamiento" a una "negación total"[9].

Asimismo, los estudios sobre la población afro y afrodescendiente en América Latina carecieron hasta hace algunos años de consideración en la historiografía sobre la esclavitud como proceso global; esto fue resultado de una "dominación global de enfoques centrados en Estados Unidos y la reproducción de las jerarquías existentes en los debates académicos sobre la diáspora africana, que tiende a favorecer las perspectivas anglófonas" (Raussert y Steinitz 2022). Así, por ejemplo, Raussert (2024, p. 9) señala que una de las características más criticadas del texto *Atlántico Negro* de Paul Gilroy (1995) y de otros mapas de la diáspora africana fue la ausencia de América Latina en los relatos sobre la negritud transnacional. Raussert (2024, p. 9) plantea que lo paradójico de esta

---

[7]   Rosal, 2010. En cuanto a las cofradías en Córdoba remitimos a lo escrito por Ana María Martínez (2015, pp. 20-23), quien aclara la existencia de 33 cofradías en un amplio período de tiempo entre 1573 y 1810.

[8]   En relación a la ciudadanía y los esclavos remitimos al estudio pionero de Tannenbau (1968).

[9]   Becerra y Buffa, 2012, pp. 333-334.

omisión no solo es el hecho de que 130 millones de afrodescendientes viven en América Latina contra los 40 millones que viven en los Estados Unidos de América, sino también las duraderas tradiciones de invisibilización y folclorización de las expresiones negras en la academia y las sociedades latinoamericanas. Contra estos últimos procesos, Gerardo Cham, Gisela Fregoso, Wilfried Raussert y Nicolas Rey editaron un trabajo en 2024 en el marco de la serie de libros *Afros al frente: racismo, resistencia y lucha*. En este texto los autores compilaron estudios realizados en su mayoría por investigadores latinoamericanos sobre población afro y afrodescendiente en México, Haití, Cuba, Brasil, Colombia, Guadalupe, Martinica, Guyana y otros lugares de la región Caribe. No obstante, en este importante trabajo no aparecieron rastros de estudios que refieran a la presencia de la diáspora africana en el cono sur de América Latina aun cuando, como ya señalamos, los estudios sobre los afroargentinos han avanzado notablemente en los últimos treinta años.

¿Es que el mito de la blanquitud en el Río de la Plata y los territorios adyacentes es aún muy fuerte? ¿O quizás será que los estudios no han tenido la suficiente difusión? De cualquier manera, nos cabe como investigadoras la responsabilidad de colaborar para evitar estas omisiones. Nuestro texto, a modo de pieza de un gran rompecabezas, es un aporte no solo para visibilizar desde la historia colonial temprana a aquellos que fueron silenciados y ocultados, sino también porque, como lo expresa Branwen Jones (2012, pp. 49-69), experta en relaciones internacionales, los orígenes de las transacciones financieras transatlánticas se remontan al comercio de esclavos; en tanto, la demanda de crédito para el transporte y la compra de esclavos reforzó el poder económico y los servicios financieros transfronterizos de tal modo que el capitalismo global actual también tienen sus raíces en aquel contexto histórico de capitalismo mercantil.

Como el lector podrá observar en las siguientes páginas, en aquella Córdoba de antaño de fines del siglo xvi y primera mitad del siglo xvii, la población afrocordobesa[10] tuvo un peso esencial no solo en la economía local, sino seguramente en la composición de nuestra sociedad y su cultura, pese a que aún hoy los ocultamos y negamos. Esperemos que la lectura de este libro resulte tan reveladora para ustedes como lo fue para nosotras.

---

[10] Como lo propone Michael Zeuske (2024, pp. 48-49) el término "afro" y "negro" están cargados de una historicidad compleja que tiene sus inicios en el siglo xiv con un fuerte sesgo esclavista y racista y se complejiza en el siglo xx. A partir del año 2000 el término "afrodescendiente" adquirió legitimidad internacional por su adopción en la Conferencia Mundial contra el Racismo, la Discriminación Racial, la Xenofobia y las Formas Conexas de Intolerancia (2001) y en la Organización de las Naciones Unidas, que la asume como "un origen común –la trata– asentado en la diáspora y una revalorización política y cultural". En este sentido para nosotras "afrocordobés" es un término que busca reconocer esa migración y su descendencia en el territorio de Córdoba.

Introducción

La esclavitud africana en Hispanoamérica, es una institución que se desarrolla paralela a la conquista y colonización del Nuevo Mundo. Desde el siglo XVI se extiende rápidamente por todos los rincones y lugares de América, de acuerdo a la base económica de cada región, las posibilidades de absorción de mano de obra y la política económica impuesta por España. Los esclavos africanos participan en los primeros viajes y expediciones al Nuevo Mundo, y en las huestes conquistadoras las crónicas los señalan como sirvientes e incluso como auxiliares militares. Sin embargo, hasta fines del siglo XVI, la importación de esclavos a la América colonial hispana es limitada y se dirige principalmente hacia la zona del Caribe y las costas tropicales del continente.

La introducción sistemática de esclavos africanos comienza a fines del siglo XVI, cuando en los principales centros del Imperio español —México y Perú— la población india declina con rapidez, y los funcionarios gubernamentales y colonos ejercen presiones pidiendo la introducción de una mayor cantidad de mano de obra negra en reemplazo a la indígena. Hasta ese momento España debe recurrir a Portugal para el abastecimiento de esclavos a sus colonias, pues, de acuerdo a lo establecido en el Tratado de Tordesillas de 1494, Portugal tiene todos los derechos sobre la costa occidental del África, fuente principal de la trata. Entre 1580 y 1640 la unión dinástica de ambas coronas facilita a España un mayor control del tráfico de esclavos, a través de contratos denominados "asientos" firmados con comerciantes portugueses.

Según Curtin (1969), las cifras de introducción de esclavos en la América hispana para este período son las siguientes: desde 1521 a 1550, se contabilizan 15 000 negros, entre 1551 y 1595 la cifra se eleva a 36 300 individuos, y para los años que transcurren de 1595 a 1640 la cantidad alcanza las 132 600 piezas[11]. Las cuotas de importación de esclavos autorizadas por el gobierno español no tienen en cuenta la demanda colonial. Se origina entonces un comercio de contrabando que supera ampliamente el comercio monopólico oficial autorizado para los únicos puertos de Cartagena, Veracruz y Lima. De este modo, los esclavos llegan a Hispanoamérica en mayor cantidad y por otros puertos.

Durante la primera mitad del siglo XVII, dos conflictos europeos afectan el comercio de esclavos. La guerra de los treinta años (1618-1648) trae aparejada la hostilidad de los corsarios holandeses, franceses e ingleses en las posesiones ultramarinas españolas. Por otra parte, en 1640 Portugal se separa de España, y restablece su control sobre la costa occidental del África, especialmente en Angola. A partir de este año, España prohíbe la introducción de esclavos a América, porque su abastecimiento queda en manos de las potencias enemigas. Sin embargo, a partir de 1662 debe recurrir nuevamente al sistema de asientos, no solo con portugueses, sino también con genoveses, holandeses, franceses e ingleses. Así, el tráfico se convierte en un asunto internacional.

Con la firma del Tratado de Utrecht, Inglaterra obtiene como concesión un asiento para introducir negros a América. Durante ese siglo XVIII el comercio de esclavos registra las mayores cifras, principalmente desde 1789 cuando España, motivada por las economías de plantaciones de Cuba y Puerto Rico, abandona el antiguo sistema de asientos y libera el comercio de esclavos. Según Curtin (1969), desde 1641 hasta el período de independencia de las colonias a principios del siglo XIX, el volumen de esclavos incorporados en América hispana es de 516 000 esclavos hasta 1773, y de 225 100 hasta 1807. De acuerdo con el mismo autor, el volumen total para todo el período colonial, se aproxima al millón de africanos, cifra que alcanza el millón y medio hacia 1870.

Córdoba en sus orígenes: objetivos y preguntas de investigación

Córdoba es fundada en 1573 en el piedemonte sierripampeano del actual territorio argentino. Situada en la zona sur del virreinato, forma parte de la Gobernación del Tucumán y se encuentra bajo la jurisdicción de la Audiencia de Charcas. Según Josefina Piana (1992), durante los primeros 50 años del período colonial, la encomienda se constituye en el basamento de la organización socioeconómica de la región.

---

[11] En los documentos notariales y acorde a la consideración jurídica de la época, se refiere a pieza como a una unidad de transacción. Toda persona esclavizada era valuada individualmente pero las crías, personas menores que eran valuadas junto a su madre, no eran consideradas como una "pieza" separada, sino que se transaccionaban junto a la persona adulta e incrementaban su valor. A partir del momento en que la cría podía ser considerada como fuerza de trabajo cambiaba su designación a la de muleque, momento en el cual si puede ser vendido separadamente.

Los vecinos de Córdoba explotan la única riqueza del distrito: el tributo indígena que les provee la encomienda. Esta abastece a los encomenderos de bienes comercializables con bajos costos de producción, que les permiten insertarse en los tráficos comerciales que se inician a partir de 1580 con la apertura del puerto de Buenos Aires. Cuatro son las actividades económicas principales que desarrollan las encomiendas: la producción de harinas de trigo, la elaboración de textiles, la ganadería y los fletes. A partir de los excedentes que generan estas actividades, los vecinos establecen una cadena de tratos mercantiles que les proporcionan gran rentabilidad. En esa cadena de tratos, se encuentra el comercio de esclavos.

Sin embargo, hacia la segunda década del siglo xvii, el distrito comienza a mostrar los síntomas de un cambio interno. Su principal riqueza, la mano de obra indígena comienza a agotarse; esa crisis demográfica indígena tiene una relación directa con la declinación del régimen de encomienda como institución dominante, y es una de las causas a tener en cuenta en el cambio de la orientación productiva de la jurisdicción. Se inicia entonces una etapa común a otras regiones del Tucumán y Río de la Plata, caracterizada por el crecimiento del sector exportador de vacunos y mulares con destino al Potosí, única actividad de la encomienda que presenta un ritmo creciente, al requerir poca inversión de capital y escasa mano de obra. Comienza entonces un período de ruralización en el distrito.

Según Assadourian (1983), entre 1610-1615 comienza en Córdoba una curva descendente en la producción textil de los obrajes, hasta ese momento sector predominante en las exportaciones hacia el mercado interno colonial. Esta situación puede responder a varios factores, entre los que encontramos el descenso de la población indígena local, la desaparición de las encomiendas más importantes de la jurisdicción y la competencia de otras regiones productivas en el mercado potosino, principal centro consumidor de los productos regionales. A partir de entonces, la ganadería tiende hacia la monoproducción de mulas con destino al mercado potosino, y se convierte en el sector dominante de la economía del distrito, al aprovechar la necesidad que tiene el eje Lima-Potosí de un medio de transporte adecuado para el tránsito por los caminos angostos y ríspidos de la zona andina.

A diferencia del ganado vacuno, la producción mular requiere de técnicas para su reproducción y un especial cuidado hasta el momento de su venta. Para ello, necesita una mano de obra estacional y fija que trabaje en las estancias y un sector de fleteros especializados que los conduzca al mercado alto peruano.

Entre 1610 y 1620 comienza a tomar impulso la exportación del ganado mular hacia Potosí, al comienzo con cifras que rondan las 5000 cabezas por año. Para la década siguiente, la cría de mulas se expande en las tierras de la jurisdicción convirtiéndose en la producción dominante; entonces la exportación sube hasta 9000 o 10 000 cabezas anuales. Pero es recién en la década de 1630 cuando la producción logra un verdadero vuelo para caer abruptamente en el quinquenio 1635-1640. Los años 1635 y 1636 no registran ventas ni fletes sobre mulas. Esa caída abrupta tuvo sus consecuencias en las guerras calchaquíes. Según Otonello y Lorandi (1987), el alzamiento indígena provocado por los indios del Valle Calchaquí, afectan el tránsito por los caminos que se dirigen hacia Perú y Chile, ya que las ciudades de Salta, Tucumán, La Rioja, San Juan y Mendoza son asediadas por los indios rebeldes.

En este contexto histórico dentro del espacio cordobés, nuestro tema de investigación se centra en el comercio de esclavos durante la etapa colonial temprana del distrito, la cual como observaremos en el desarrollo de este trabajo tuvo una incidencia significa en la estructura socioeconómica no solo de la región, sino también a gran escala a través de la inserción de este comercio en las rutas transatlánticas. Demostrar lo que venimos señalando es el objetivo central del presente trabajo. Una serie de interrogantes han guiado el plan de investigación y de exposición del presente análisis: cómo se organiza el mercado local en relación al comercio de esclavos, cuáles son las diferentes coyunturas por las que atraviesa ese comercio, cuál es el grado de participación de los grupos sociales del distrito en la trata, qué características poseen los esclavos que ingresan al distrito, cuál es la forma de inserción laboral de los esclavos que permanecen en Córdoba, y, finalmente, cómo incide ese comercio en la estructuración del espacio cordobés.

Balance historiográfico

El tema del presente trabajo forma parte de un campo de estudio en el cual confluyen varias líneas de investigación. Estos conocimientos previos, constituyen el punto de partida y la base teórica de nuestro análisis. Señalemos, en primer lugar, dos estudios sobre la estructura económica del distrito de Córdoba, que nos permiten comprender el marco en que se desarrolla nuestra temática específica. Por una parte, el trabajo de Josefina Piana (1992) que señala la importancia de la encomienda como generadora de excedentes comercializables hasta la segunda década del siglo XVII, y al comercio de esclavos como una actividad mercantil en la que los vecinos de Córdoba se asocian a comerciantes portugueses. Por otra parte, la investigación de Carlos Sempat Assadourian (1983), quien observa a partir de 1620 un proceso de ruralización en la economía del distrito, orientada principalmente a la producción de mulas con destino al Potosí, el cual fungió como centro incentivador del desarrollo de las economías regionales y, por lo tanto, generador de espacios de circulación; un espacio a través del cual el distrito de Córdoba se inserta en el mercado alto peruano.

Es necesario hacer notar que parte de la temática del presente trabajo está inmersa en el debate sobre la llamada crisis general del siglo XVII en el virreinato del Perú. El análisis historiográfico de Luis Miguel Glave (1986) sobre el tema orienta la atención en los ritmos decrecientes del Potosí, que significan una caída de los ingresos fiscales y la reducción del circulante monetario; considera, además, el aumento de la corrupción como una caída de la injerencia del estado central en sus dominios coloniales.

En un marco más amplio, las investigaciones sobre el comercio en la región meridional del virreinato del Perú, nos muestran cómo funcionan algunas economías regionales en el mercado interno colonial. En ese sentido, el trabajo de Alice Canabrava (1984) es precursor en el tema del comercio portugués en el Río de la Plata, y en el de la intervención de comerciantes luso-brasileños en la ruta atlántica hacia el Potosí, hacia donde se dirigen en busca de metálico. Es importante advertir que la autora concibe Córdoba como la llave de entrada para las provincias del reino del Perú. En años posteriores, Zacarías Moutoukias (1988) enriquece los estudios sobre el comercio en el Río de la Plata, a partir de su análisis del contrabando y el control colonial durante el siglo XVII; y pone su acento en el dinamismo de las economías regionales más allá de los ritmos decrecientes del cerro minero del Potosí.

En cuanto al comercio de esclavos en el distrito de Córdoba, es necesario mencionar otro trabajo de Carlos Sempat Assadourian (1965) donde se utilizan por primera vez los registros notariales del período 1588 y 1610. Para abordar las características de los esclavos que llegan a Córdoba, resultan de interés los trabajos de Rolando Mellafe (1984b) y Frederick Bowser (1977), quienes analizan la inserción de la mano de obra esclava en Chile y Perú respectivamente. Agreguemos a esto la investigación de Herbert Klein (1993) la cual brinda un marco general sobre las características demográficas de los esclavos que llegan a América durante todo el período colonial; y el estudio de Enriqueta Vila Vilar (1973) sobre la cantidad de esclavos que entran por el puerto de Buenos Aires en nuestro período de estudio. A su vez, el aporte de James Lockhart (1982) sobre el mundo hispanoperuano del siglo XVI, proporciona categorías de análisis para definir los grupos sociales, que en nuestro caso están relacionadas con la trata de esclavos en el distrito.

En relación al abordaje teórico de la cuestión espacial, los trabajos de Oliver Dollfus (1978 y 1990) sobre el espacio geográfico brindan un enfoque general para el análisis de los modos de organización del espacio permitiendo la compresión de las relaciones dónde, cómo y por qué; asimismo, el trabajo de Paul Claval (1979) proporciona herramientas, desde lo que él denomina "la nueva geografía", para el análisis de los modelos económicos en relación a los transportes y la comunicación en el espacio. Por otra parte, el enfoque geográfico de Josefina Ostuni (1992) otorga lecturas sobre la estructuración del espacio a través de las actividades de los hombres en el tiempo. En la misma línea se utiliza también el trabajo de Ricardo Méndez (1992), quien define el espacio geográfico como un producto social que nace de la intención humana y manifiesta el proyecto de cada sociedad; el autor señala que en este espacio se pueden identificar vínculos o flujos entre regiones, que se explicitan a través de la conformación de redes y circuitos.

En cuanto a los modelos de organización espacial de la época colonial, fueron de especial importancia las investigaciones de Luis Miguel Glave (1983) y Juan Carlos Garavaglia (1983), quienes al analizar la producción para la circulación de mercaderías generadas por dos economías regionales, el Alto Perú y Paraguay respectivamente sirvieron como modelos de análisis de rutas y mercados para pensar el espacio en escalas geográficas mayores a la estructuración sociopolítica local.

Periodización y fuentes

El período abarcado en el presente estudio tiene como límite inferior el año 1588, en el cual se registra ante escribano público la primera compraventa de esclavos en el distrito; y tiene como límite superior, siguiendo el criterio de Alice Canabrava, el año 1640, que marca el fin de la unión de las coronas de España y Portugal. Podemos identificar dos etapas dentro del período estudiado: en la primera, desde 1588 a 1620, observamos el momento de auge de la encomienda en el distrito, así como el auge del comercio de esclavos tanto en la jurisdicción como en la ruta que une Buenos Aires con Potosí y Chile; la segunda etapa comienza aproximadamente en 1620 cuando asistimos a la ruralización del distrito, a la decadencia del comercio luso-brasileño en el Río de la Plata y a la disminución del comercio de esclavos. Los límites espaciales son definidos de acuerdo a los criterios que señala Pierre Vilar (1974). En ese sentido, Córdoba se presenta como un universo de análisis dotado de homogeneidad y personalidad geográfica. Además, el distrito posee un marco institucional que se refleja en la uniformidad de sus fuentes para el período.

Es preciso aclarar a qué fuentes hemos recurrido. Dentro de las fuentes editadas consultadas, las Actas Capitulares de la ciudad de Córdoba nos ofrecieron una visión de los sucesos cotidianos del distrito; en ellas se plasman las preocupaciones de las autoridades locales sobre diversos temas. En el presente trabajo utilizamos la publicación de Luis Santillán Vélez, edición 1882, a la cual nos referiremos con las siglas "A. M." Otra fuente editada consultada han sido las Cartas Anuas de la provincia jesuítica del Paraguay, las cuales proporcionan testimonios sobre la tarea de evangelización que realizan los padres de la Compañía de Jesús con los esclavos del distrito, así como de las actividades de la cofradía de negros que existe en la ciudad.

Sin embargo, la base fundamental sobre la que se asienta este trabajo es la información obtenida en las fuentes inéditas del Archivo Histórico de la Provincia de Córdoba (A.H.P.C). En él consultamos dos series para nuestro período: los protocolos notariales y los expedientes judiciales. Los protocolos notariales son de gran importancia y conforman uno de los corpus documentales mejor conservados, pues encontramos series completas desde el año 1588 a 1640, con sólo dos años incompletos: 1610 y 1617. Nuestro período se ubica en el registro notarial número 1 y abarca 51 tomos que han sido relevados en su totalidad. Actas de compraventas, testamentos, dotes, poderes, conciertos, compañías y obligaciones, referidos al comercio de esclavos, proveen el material necesario para este trabajo. Son de importancia especialmente las primeras, pues con ellas elaboramos las cuantificaciones que hemos introducido en el texto mediante gráficos, con las limitaciones propias de un período preestadístico. La consulta a expedientes judiciales concernientes al comercio de esclavos también es de gran utilidad. Localizados en la escribanía número 1, la serie de pleitos judiciales comprende 73 legajos para el período abarcado; en ella están registrados, entre otros, los conflictos por contrabando de piezas que se generan a partir de la instalación de la aduana seca en la ciudad.

Los esclavos son un grupo marginal dentro de la sociedad colonial y los documentos que los mencionan son escritos exclusivamente por españoles y reflejan la información que estos están dispuestos a conservar. En esos documentos el esclavo africano, o el negro como se lo llama en la época, aparece sólo como una mercadería. Carente de personalidad jurídica, sólo lo vemos aparecer en los documentos cuando, por medio de un intérprete, es interrogado por las autoridades coloniales. Por esto, es poco lo que podemos conocer sobre su vida y sus relaciones interétnicas en el distrito.

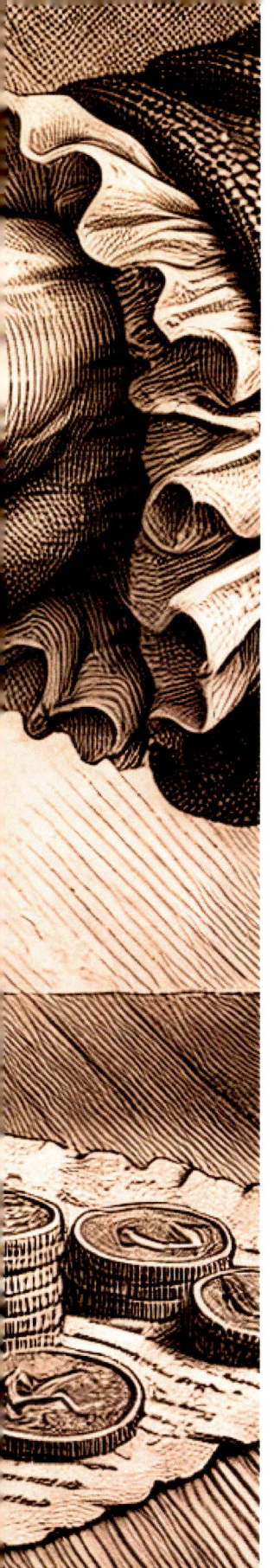

1
Comercio y contrabando

Para comprender el comercio de esclavos que se desarrolla en el espacio cordobés, es necesario tener en cuenta la situación legal de Buenos Aires, como puerto de entrada de los esclavos que llegan a la jurisdicción. La Corona española organiza durante el siglo XVI el sistema de flotas y galeones, para proveer a sus colonias americanas de todo lo necesario. La flota parte de Sevilla, único puerto autorizado en España, y se dirige directamente al Caribe, donde se divide en dos partes: una con destino a Nueva España y la otra hacia el virreinato del Perú. Porto Bello es el único puerto de entrada para todas las colonias; allí se descargan las mercaderías y, luego de una feria se las lleva a Panamá, donde se embarcan en la flota del Pacífico con destino a El Callao o Arica. En consecuencia, las regiones del Río de la Plata, Tucumán y Paraguay deben recurrir a Lima para sus intercambios ultramarinos.[1]

---

[1] Citado en: Moutoukias, 1988, p. 70.

En 1545 se descubre el Cerro Rico del Potosí, y "para 1570 se constituye en el principal polo de desarrollo del virreinato del Perú y en el motor fundamental de su economía".[2]

Buenos Aires es fundada por segunda vez en 1580, con la finalidad de culminar el movimiento expansivo de colonización del espacio sur del virreinato del Perú. Su fundación consolida las ciudades recientemente fundadas del Tucumán y Asunción y, al poblar una salida al mar, protege el flanco sur del Imperio español de posibles intromisiones extranjeras. Desde 1586-1587 comienzan a establecerse relaciones comerciales entre el puerto de Buenos Aires y Brasil. Los mercaderes portugueses, ávidos de plata, se introducen por el puerto de Buenos Aires con esclavos y mercaderías para vender en Potosí y en las provincias del Tucumán a cambio de metálico y productos de la tierra. Cuando comienza el comercio atlántico por Buenos Aires, las ciudades del Tucumán ya mantienen lazos comerciales interregionales y poseen los medios necesarios para comunicar los principales núcleos del espacio comprendido entre el Río de la Plata y el Alto Perú.[3]

1.1 Restricciones, permisiones y contrabando

A pesar de estar cerrado oficialmente, Buenos Aires es una "herida abierta en el sistema colonial español".[4] Aun cuando España estructura una política de monopolio sobre todo el comercio y navegación con las Indias, en realidad el 25% de la plata potosina sale por el puerto de Buenos Aires.[5]

Esta contradicción es el resultado de dos intereses divergentes. Por una parte, la Corona está dispuesta a mantener el monopolio Sevilla-Lima, indispensable para la dominación y el control fiscal de sus dominios de ultramar, así como a mantener el control sobre los territorios meridionales recientemente incorporados al virreinato del Perú.[6] Por la otra, se encuentran los intereses de los habitantes de estas nuevas regiones, quienes ejercen presiones reales y crecientes para mantener abierto el comercio por el puerto de Buenos Aires. La ambivalencia de la Corona se manifiesta en una política contradictoria que oscila entre restricciones y permisiones que abren una brecha en el exclusivismo colonial, permitiendo la introducción de esclavos y mercaderías por el puerto de Buenos Aires.

---

[2] Piana, 1992, p. 141.

[3] Moutoukias, 1988, pp. 47-48.

[4] Bowser, 1990, pp. 142-143.

[5] Assadourian et al., 1986, p. 107.

[6] Moutoukias, 1988, pp. 70-71.

Los permisos otorgados por la Corona para la introducción de esclavos africanos en América son de dos tipos: licencias y asientos. La Corona regula el tráfico de esclavos en su beneficio y obtiene grandes ganancias, ya que, a cambio de un impuesto, otorga licencias reales para traer negros a América. A medida que aumenta la demanda americana de esclavos, las licencias se convierten en objeto de especulación. A la par de estas licencias se conceden permisos libres a funcionarios gubernamentales y eclesiásticos para introducir negros destinados a su servicio. A medida que aumentan las dificultades financieras de la Corona española y crece la demanda de esclavos en América, se venden cada vez mayor cantidad de licencias de esclavos a traficantes portugueses; España no tiene acceso a las fuentes de África y depende de Portugal para obtener esclavos.

Desde 1580-1640, durante la unión de las dos coronas, la costa de África continúa bajo el dominio político y comercial de los portugueses. El gobierno español firma acuerdos con traficantes portugueses para el envío de esclavos a América. Estos asientos son contratos a largo plazo entre la Corona española y un particular o una compañía. El asentista "está obligado a pagar una suma anual y, como mediador entre el gobierno y los traficantes, es responsable de hallar compradores para las licencias, recaudar los réditos del contrato y contribuir a hacer cumplir los reglamentos que rigen el tráfico".[7] Seis acuerdos de este tipo se firman durante la unión dinástica para introducir esclavos a América.[8]

---

[7] Bowser, 1977, pp. 50-55.

[8] En 1595, la Corona española firma el primer asiento con Pedro Gómez Reynel. En él se permite el traslado de 38 250 esclavos negros, de los cuales sólo se autorizan 600 esclavos por año para entrar por el puerto de Buenos Aires. El contrato se pacta por 9 años, en los cuales Reynel debe pagar por el asiento un total de 900 000 ducados a razón de 100 000 anuales. Los esclavos pueden proceder de donde más le convenga al asentista, quien los venderá en las Indias al precio que establezca; y se le permite introducir dos factores que pueden ser españoles o portugueses. La única restricción que tiene el contrato en cuanto a la venta es que si la Casa de Contratación lo estima conveniente puede requerir del asentista algunas licencias.

Cuatro años antes de su prescripción legal, cesa el asiento. En 1601, la Corona firma otro asiento con Juan Rodríguez Coutinho, gobernador de Luanda, en África, por el mismo número de esclavos que el anterior. Las diferencias entre ambos asientos son pocas, Coutinho debe pagar 170 000 ducados por año, y la procedencia de los esclavos, esta vez, se fija en Angola. Del total de negros que entrarían anualmente, el rey se reserva el derecho de repartir 2000 en las provincias que quiera. Al Río de la Plata sólo pueden llevarse 600 esclavos por año, siempre que no se prohibiese al navegación hacia ese puerto.

Coutinho muere antes de terminar el contrato, que es traspasado a su hermano Gonzalo Váez Coutinho hasta finalizar el contrato. Las innovaciones introducidas en el nuevo asiento son las siguientes: se rebaja el pago a 160 000 ducados anuales, las cuotas de introducción de esclavos son las mismas, con excepción del Río de la Plata, donde se exige absoluta prohibición para extender la trata.

El consulado de Sevilla ejerce presión para anular el contrato y en 1609 trata de ajustar un nuevo asiento; desde esta fecha hasta 1615, el comercio de esclavos queda a cargo de la Casa de Contratación. En 1615, se presenta un asentista que conviene a la corona, Antonio Rodríguez de Elvas, quien firma contrato por 8 años. No se fija una cierta cantidad de esclavos para pasar a América, sino un máximo

Para introducir esclavos por el Río de la Plata se conceden tres permisiones: la primera es el asiento que la Corona firma en 1595 con Pedro Gómez Reynel, la segunda es el asiento establecido con Juan Rodríguez Coutinho en 1601, y la tercera son las 1500 licencias otorgadas al arzobispo de Toledo para introducir otros tantos negros por la misma ruta. Estas licencias son objeto de tráfico, y en 1638 aún quedan 375 sin vender.[9]

En realidad, estas licencias y asientos coexisten con prohibiciones que nunca tienen un carácter absoluto. Veamos interdicciones establecidas por la Corona para la región del Río de la Plata. En 1594 una Real Cédula prohíbe el comercio entre Buenos Aires, Brasil y Angola en navíos extranjeros; su fundamento reside en la perniciosa introducción de pasajeros, mercancías y esclavos del Brasil. La trata negrera está totalmente prohibida por este puerto. De este modo, Buenos Aires quedó oficialmente cerrado a todo comercio, excepto a la reducida cantidad de dos navíos anuales que la Casa de Contratación envía para evitar la despoblación del puerto. A partir de entonces los documentos hablan de Buenos Aires como puerto cerrado, lo que no parece haber afectado mayormente a su tráfico naval.[10] La reacción de los vecinos de estas regiones no se hace esperar; una serie de reclamos y cartas al rey, habitualmente apoyados por las autoridades locales son muestra de ello.[11] Por ejemplo, los vecinos de Córdoba a través de su cabildo no se cansan de reclamar ante las autoridades reales, aún antes del cierre del puerto, que les otorguen licencia para enviar productos de la tierra a los puertos del Brasil, a cambio de manufacturas y esclavos; fundamentando su pedido en la disminución de la mano de obra indígena.[12]

En 1602 la Corona revisa sus disposiciones haciendo una merced a los vecinos con la manifiesta intención de facilitar el poblamiento del Río de la Plata. Una nueva Real Cédula los autoriza a exportar hacia el Brasil, Guinea e islas vecinas, en navíos de su propiedad y por cuenta propia, la cantidad de 2000 fanegas de harina, 500 quintales de cecina y 500 arrobas de cebo por año, que pueden intercambiar por manufacturas extranjeras, azúcar, hierro, ropa y otras cosas "que tuviesen necesidad para sus casas"; pero se aclara que continúa

---

de 5000 negros vivos por año y un mínimo de 3500. Las demás disposiciones generales son las mismas de los asientos anteriores y se prohíbe nuevamente el tráfico con Buenos Aires.

En los años sucesivos se firman dos nuevos asientos con mercaderes portugueses, bajo iguales condiciones que los anteriores: en 1623 con Manuel Rodríguez Lamego, asiento que dura 7 años y en 1631, con Melchor Gómez Angel y Cristóbal Méndez de Sosa, por 9 años (Mellafe, 1984b, pp. 23-26).

[9] Moutoukias, 1988, p. 72.

[10] Moutoukias, 1988, p. 71.

[11] Cfr. Molina, 1966, p. 44; Moutoukias, 1988, p. 71.

[12] Acta Capitular del 15/3/1591 (A.M. II, p. 225); y del 2/3/1592 (A.M. I, pp. 281-282).

prohibida la importación de esclavos africanos, como así también la salida de oro y plata y de personas sin permiso.[13]

En 1603 el gobernador de Buenos Aires, Hernandarias de Saavedra, restringe a la provincia del Río de la Plata y Paraguay los beneficios de la aplicación de la Cédula de 1602. De este modo transforma en contrabando exportaciones del Tucumán como las harinas.[14] Para ejercer este control comisiona a Diego de Calzada, alcalde de la Santa Hermandad de Santa Fe, el cual debe:

> … ir corriendo desde los términos de la ciudad de Santa Fe atravesando la tierra del camino que va de la ciudad de Córdoba al puerto, apostándose en el río que llaman los arrecifes para que, viendo las carretas, con mercaderías o sin ellas, las prendas y de por perdidas excepto si traen negros de los del contrato de Juan Rodríguez Coutinho que tienen despachos no así las otras carretas e harinas …[15]

En 1605 el virrey del Perú, conde de Monterrey, confirma lo dispuesto por el gobernador de Buenos Aires: el cierre del puerto de Buenos Aires al comercio de esclavos. Sin embargo, los gobernadores que suceden a Hernandarias de Saavedra realizan una política de tolerancia con el comercio ilegal.

El gobernador del Río de la Plata, Diego Marín Negrón informa al rey en 1610, sobre la pretensión de los vecinos de Córdoba de comerciar los frutos de su tierra, sacándolos por el puerto de Buenos Aires, argumentando:

> … La ciudad de Córdoba es muy abundante de trigo, maíz y ganados y puesto que las otras ciudades tienen cosechas suficientes para su sustento sin haber menester de las de Córdoba […] Estos frutos tienen buena salida en las provincias del Brasil porque allá faltan y haciéndoles V.M de una moderada permisión para sacar armas, cueros, sebos, cecinas […] y para que puedan traer en sus retornos lienzos, paños, herramientas, y otras mercaderías […] y si se les permitiese meter algunos esclavos negros…[16]

A comienzos de la segunda década del siglo XVII, se manifiesta la intención de poner en regla estas regiones. El oidor Alfaro es enviado a Buenos Aires para observar, entre otras cosas, el contrabando de mercaderías y esclavos por el

---

[13] Molina, 1966, pp. 102-103.

[14] Molina advierte que las restricciones ya están planteadas en la real Cédula 1602; en cambio Moutoukias señala que es Hernandarias quien impone las restricciones, al hacer cumplir a partir de 1603 la Real cédula del año anterior y deja planteada tres hipótesis para explicar las razones que motivan la actitud de Hernandarias: ¿la defensa de la producción local? ¿La lucha entre comerciantes? ¿La preocupación por limitar contrabando? ¿Las tres cosas a la vez? Por su parte, Canabrava se refiere a la actitud de Hernandarias como resultado de una política de represión contra el contrabando (Molina 1966, p. 113; Moutoukias 1988, p. 71; Canabrava, 1984, p. 98).

[15] A.H.P.C. Esc 1, leg 31, exp 2, año 1603.

[16] Carta del gobernador, Diego Marín Negrón, al rey en de junio 1610 (citado en: Segreti, 1973, pp. 46-49).

puerto y el establecimiento de portugueses en la región. Las ordenanzas surgidas de su visita inician un período de mayor control: confirman las prohibiciones anteriormente establecidas sobre pasajeros y esclavos, y procuran efectivizar una línea de aislamiento entre el puerto y el resto del interior para evitar la salida del oro y la plata potosina. En la cláusula 49 de sus ordenanzas estipula que las mercaderías que llegan por "descamino", es decir que arriban fuera de registro, pueden ser vendidas en remate y consumirse solamente dentro de la gobernación del Paraguay; en caso de sacar las mismas de esta gobernación, los jueces deben aplicar a las mercaderías un tercio de impuestos por descaminado.[17]

La reacción no se hace esperar. El Cabildo de Buenos Aires, percibiendo la intencionalidad de esta cédula de destruir el contrabando en el que incursionan vecinos y autoridades, comisiona a su procurador Juan de Vergara para que gestione su revocación y suspensión.[18] La protesta contra la cláusula 49 de las ordenanzas de Alfaro es "una apología del comercio de contrabando", al expresar que prohibir el comercio de negros de arribada con el interior es condenar al puerto a la ruina, amenazarlo de un nuevo despoblamiento y un grave daño para la Real Hacienda, pues solamente los descaminos de negros rinden a la corona 50 a 60 mil pesos, los cuales son remitidos a Potosí y sirven como pago de salarios para los soldados del puerto; además, es ir en contra de los comerciantes de Tucumán, Chile y Perú que participan del comercio de esclavos con mercaderías de retorno muy necesarias para Buenos Aires, de las cuales solo se pueden obtener poco por el ínfimo valor de los productos de la tierra. La aplicación de la cláusula queda en suspenso hasta que el virrey resuelva la situación.[19]

En 1615 Hernandarias vuelve a ocupar el cargo de gobernador del Río de la Plata; allí comienza una nueva etapa de represión del contrabando al poner en vigencia las ordenanzas de Alfaro y cortar el tráfico con el interior. En ese año escribe una carta al rey pidiendo que no sea concedida la permisión hecha por el gobernador Marín en 1610 para sacar productos de Córdoba por el puerto, aduciendo que la entrada de frutos y carretas de esta ciudad al puerto es la causa principal de todos los excesos del contrabando:

> La ciudad de Córdoba y provincia del Tucumán es circunvecina a las del Perú, a donde sacan sus ganados, vacas, muías, yeguas, caballos, ovejas y otras cosas, en su retorno traen mucha plata y ropa de tan buen precio y en tanta abundancia que muchas veces se venden en esta provincia por no tener salida en ella, junto con harinas , lienzo y corambre […] Los daños de la venida de cordobeses con carretas y corambre es porque en este trajín bajan muchos mercaderes con plata y pasajeros del Perú que se embarcan y retornan con negros sin registro y pasajeros prohibidos

---

[17] Canabrava, 1984, pp. 98-99.

[18] Molina, 1966, p. 142.

[19] Canabrava, 1984, p. 98.

que encaminan y llevan en ellas […] con provecho de los mercaderes portugueses con quien tienen una tácita correspondencia…[20]

Durante el período 1615-1618, este gobernador de Buenos Aires instaura "un gran proceso" a los contrabandistas, encarcelando a algunos de ellos, aunque otros importantes en la trata, como Diego de Vega y Juan de Vergara, logran huir. Sin embargo, Hernandarias debe reconocer un estado de hecho: los dueños de esclavos del puerto de Buenos Aires no cuentan con las licencias correspondientes, entonces permite la legalización de la propiedad pagando los derechos reales.[21]

En 1618 la Corona decide cambiar la modalidad de la merced otorgada a la ciudad de Buenos Aires. Se promulga una Real Cédula más restrictiva que las anteriores. Se reitera la obligación de efectuar los viajes en embarcaciones pertenecientes a los vecinos, aunque otra cédula permite fletarlos en Sevilla si no se hallan en Buenos Aires. Se limita el número de navíos a dos por año, de 100 toneladas cada uno; de ida a Sevilla están autorizados a recalar en puertos brasileños, donde pueden intercambiar los productos locales por azúcar o palo de Brasil, mercaderías vendibles en España, pero les está prohibido recalar en el viaje de retorno. De Sevilla se importan manufacturas que pueden ser introducidas hasta el Tucumán y el Alto Perú si pagan un derecho del 50 % de su valor en Buenos Aires, para lo cual se provee en la misma cédula la creación de una aduana seca en Córdoba.[22] Como vemos, el soporte esencial para efectivizar esta Real Cédula es el establecimiento de la aduana en Córdoba para ejercer control sobre el cobro del impuesto correspondiente sobre los productos que pasan al interior y de allí al Alto Perú. Ratificada esta cédula en 1622, la instalación de la aduana debe esperar hasta la Real Cédula de 1624, que termina por definir su jerarquía y efectivizar sus funciones.[23]

Desde 1622 a 1640, el único comercio ultramarino legalmente permitido por Buenos Aires es el de navíos de registro, que llegan al puerto con licencias o permisos otorgados por la Corona para navegar directamente desde España hacia el Río de la Plata; este tráfico debe ser asimilado a navíos sueltos, es decir,

---

[20] Carta del gobernador, Hernandarias de Saavedra, al rey, de agosto de 1615. (Citada en: Segreti, 1973, pp. 76-77).

[21] El pago de esta licencia otorga el derecho a llevar los esclavos a Potosí; a ese fin se fija para los esclavos de los vecinos el precio de 70 pesos por cada negro mayor de 8 años, 57 pesos de costo por la licencia y el resto para pagar el derecho de aduanilla. Para los esclavos de extranjeros el pago por licencia es de 100 pesos, 30 pesos más, que responden a un hipotético tercio de condenación que corresponde a su majestad.Según Molina el resultado de la política restrictiva es una disminución del comercio por Buenos Aires, en cantidad de navíos, en importación y exportación desde 1615 hasta 1618 (Molina, 1966, p. 160). Sin embargo, en Córdoba 1615 es el año en que se registran mayor venta de esclavos. El control y blanqueo efectuados en Buenos Aires, previo pago de derecho, se manifiesta en Córdoba a partir de 1614, año en que comienzan a aparecer gran cantidad de despachos del puerto trasladados en las compraventas.

[22] Moutoukias, 1988, pp. 71-72.

[23] Galván, 1982, pp. 502-503.

a embarcaciones que viajan a diferentes puntos de las Indias fuera del sistema de flotas y galeones. Cabe aclarar que cada licencia puede comprender una o varias naves.[24] En realidad, el comercio por el Río de la Plata no es afectado en gran medida por las disposiciones oficiales antes señaladas. La introducción de esclavos es una realidad difícil de soslayar desde fines del siglo XVI y hasta la primera mitad del XVII; un importante número de esclavos que entran por Buenos Aires lo hacen fuera de la ley, es decir, por contrabando.

1.2 Transacciones y traficantes

En 1585 el obispo del Tucumán, Fray Francisco de Vitoria, trae un barco cargado de negros y azúcar del Brasil. Con el ejemplo del obispo, y bajo el amparo de los navíos que arriban con o sin permiso a la costa rioplatense, comienza un comercio ilícito cada vez de mayor magnitud que provee de esclavos a las zonas meridionales del virreinato, al reino de Chile y especialmente al Potosí. Muchas son las causas que coadyuvan al contrabando. La Corona española subestima persistentemente la demanda de negros en el Río de la Plata para evitar la salida de plata en manos de portugueses; en tanto que las licencias y asientos son concesiones limitadas y dan lugar a un sistema de fraude a las cláusulas del comercio legal. Las licencias otorgadas a funcionarios y eclesiásticos para traer negros a su servicio son en muchas ocasiones vendidas a otras personas luego de entrados al puerto. Agreguemos a esto que los asentistas son impotentes ante la actividad de los traficantes que con sus "navíos de arribada" inundan de esclavos y mercaderías el puerto de Buenos Aires. En esos casos, los negros son rematados como "descaminados" por no tener licencia en regla.

La geografía es otro factor que ayuda al contrabando pues facilita el acceso al Potosí desde las costas rioplatenses. Estas "son tan dilatadas y dispuestas para poder cebar las embarcaciones"[25] que resulta muy difícil supervisar los barcos que arriban clandestinamente y se ocultan en estas costas. La imposibilidad material de controlar la zona del Plata radica en que "aquel paso y puerta tan grande y la tierra hasta el Potosí tan larga y ancha, que puesto en la tierra firme es imposible estorbar el pasaje a nadie".[26]

El fraude y el soborno de los funcionarios reales juegan también un papel importante en las actividades de contrabando. En realidad, todo el comercio ilegal está bien coordinado, y su efectividad depende de la participación de varios grupos interesados, entre los que se cuentan los comerciantes portugueses, los residentes y vecinos. No resulta fácil detectar los esclavos procedentes del

---

[24] Moutoukias, 1988, pp. 74-75.

[25] A.H P.C. Esc. 1, leg. 63, exp. 9, año 1628-1630.

[26] Carta del virrey del Perú, marqués de Cañete, a Felipe II, de abril 1594 (citado en: Molina, 1966, pp. 42-43).

contrabando en los documentos registrados en la ciudad de Córdoba. Las actas notariales donde se asienta su compraventa a veces son minuciosas en señalar el origen legal del esclavo que se vende.[27] Sin embargo, en otras compraventas se reemplaza esta información sobre el origen de la pieza con la mención del antiguo propietario a quien se lo compra, o bien omiten todo detalle sobre el tema.[28]

Desde la instalación de la aduana seca de Córdoba los documentos reflejan con claridad las actividades de contrabando de esclavos, a través de los numerosos pleitos que inician los oficiales reales. Su establecimiento persigue el objetivo de crear un órgano permanente de vigilancia independiente del puerto, localizado en un punto clave de las comunicaciones entre éste y el interior. El Tucumán parece destinado a convertirse en una zona de contención contra las intromisiones atlánticas.[29] La Corona dispone la creación de la aduana por cédula de 1618; ésta queda inserta en otra posterior, de septiembre de 1622, que prohíbe la saca de oro y plata, la entrada de esclavos, mercancías y pasajeros por el puerto de Buenos Aires. Otra Real Cédula de diciembre del mismo año encarga la fundación de la aduana al oidor de la Real Audiencia de la Plata, licenciado Alonso Pérez de Salazar, quien debe dar las instrucciones y ordenanzas pertinentes para su mejor gobierno y administración.

En 1625 el oidor termina de recorrer las provincias del Río de la Plata y del Tucumán. En su camino ha obtenido los datos que le permiten reglamentar el funcionamiento de la aduana. Las ordenanzas reiteran una prohibición clave, impedir el tránsito de todo metal precioso hacia el puerto de "donde pasa al Brasil y los demás estados de la Corona del Portugal y de allí se comunica con otros reinos extraños". Para esto, el registro del oro y la plata descaminado al norte de la ciudad de Córdoba se debe formalizar ante el teniente de la Real Hacienda en Santiago del Estero, y su comprobante expedido a la casa de la aduana en Córdoba. Excepcionalmente se permite que los oficiales reales regulen cantidades reducidas de pago en pesos, para los moradores del puerto que mandan a vender esclavos de su servicio y hacienda al Perú, pues con lo procedido de ello pueden sustentar sus gastos. Para evitar las contrataciones con Brasil y favorecer las que proceden de

---

[27] Por ejemplo: Lope Vázquez Pestaña vende en Córdoba dos esclavos entrados por el puerto bajo licencia de su majestad; Juan Madera vende dos esclavos entrados por el puerto bajo licencia otorgada por el virrey del Perú, García Hurtado de Mendoza. A su vez, Antonio González vende un esclavo entrado "por el puerto de Buenos Aires debajo de las licencias de contrato que tiene Pedro Gómez Reynel con su majestad". Hernando de Tejeda Miraval vende a su hermano cinco esclavos negros que había comprado a Tristán de Tejeda, quien los entró por Buenos Aires bajo permiso de asiento de Juan Rodríguez Coutinho (A.H P.C. Reg. 1, tomo 9, fol. 67r-68r, del 11/4/1597; tomo 9, fol. 212r-213r, del 21/7/1597; tomo 10, fol. 132r-133r, del 25/2/1598; tomo 35, fol 265v-267v. del 30/4/1620).

[28] Por ejemplo, Martín de Fonseca vende a Magdalena, negra Angola de 31 años, que había comprado anteriormente a Manuel Méndez; agrega que no se deben derechos a su majestad, pero no muestra ningún documento de los oficiales reales del puerto que lo prueben (A.H.P.C. Reg.1, tomo 31, fol. 200v-202r, del 19/1/1618).

[29] Galván 1982, p. 503.

Sevilla, estas últimas pagarán sólo un 10 % de derechos, en base a las valuaciones de precios de la ciudad de Buenos Aires. En cambio, las mercaderías de importación de otra procedencia deberán pagar un 50 % de su valor según los precios de Potosí.

El control no se circunscribe al puerto; las ordenanzas establecen que "todo lo que saliera del puerto, así esclavos como mercaderías en carreta o en carga de muías o a caballo para el Perú o reino de Chile o para esta provincia debe venir derechamente a la aduana". Para el cumplimiento de esto, manda a los oficiales reales que "visiten" los caminos, "… pues la mayor parte traen cosas prohibidas y las sacan ocultándolas fuera dé las carretas…". En todos los casos las carretas están obligadas a pasar por la aduana de Córdoba; y las mercaderías y esclavos que no lleven certificado deben ser descaminadas y rematadas.[30]

Teniendo en cuenta los fraudes que se hacen de "suposiciones" de unos esclavos por otros, para sacarlos ocultos con despachos de esclavos muertos, el oidor manda hacer inventarios de marcas de los esclavos "antiguos" que se encuentran en la tierra, y de los recientemente despachados. Los oficiales reales deben examinar si las marcas son las mismas y concuerdan con el número del despacho; en caso de que falten o sobren marcas, se considerará fraude. En cuanto a la entrada de extranjeros, el oidor señala que muchos de los que van al Perú con esclavos son portugueses que entran por el puerto, y en poco tiempo adquieren "caudal y crédito" y se quedan en la tierra. A estos se les debe negar el paso, y proceder a aprehenderlos y expulsarlos.

El oidor manda que la justicia ordinaria, ministros, alguaciles y escribanos, otorguen a los oficiales reales toda la ayuda que necesiten para el cumplimiento de sus tareas, dando cuenta al gobernador de los asuntos y negocios de esta aduana que convengan.[31]

Numerosos pleitos judiciales de Córdoba señalan los mecanismos utilizados en el control aduanero, así como las argucias para evitarlo. Las tareas de control de la aduana están a cargo de un oficial y guarda mayor, quien es nombrado para que:

> … como tal recorra la tierra para ver si se descamina a alguna de las cosas prohibidas ansí pasando al dicho puerto de Buenos Aires provincias del Río de la Plata y dellas a estas del Tucumán y Reyno de Chile para lo cual buscará, catará y visitará las personas que traficaron los dichos caminos […] abriendo las cajas, maletas, mochilas, para el dicho efecto y

---

[30] Las penas sobre plata o mercaderías descaminadas se establecen de la siguiente maneras: los remates pagarán 7,5 % de almojarifazgo en el puerto y 10 % en la aduana de Córdoba. Por cada esclavo rematado se pagarán 57 pesos y 6 reales de derechos de licencias y aduanilla, cuyo monto será destinado de la siguiente manera: dos tercios para la Real Cámara y un tercio para el juez y denunciador por mitades; en caso de no existir denunciador, la tercera parte corresponderá a los jueces oficiales por actuar de oficio. Lo destinado a la Real Cámara más los derechos de licencias y aduanilla, se deberán remitir a la Real Caja del Potosí y de allí a la Casa de Contratación de Sevilla.

[31] Ordenanzas de Salazar de 1625 (Galván 1982, pp. 509-524).

pesquisando y averiguando si traen o llevan las dichas cosas prohibidas, las cuales hallándolas las tomará de cualquier parte por donde las hallare y puestas por inventario las traerá a esta aduana…[32]

Cuando los oficiales reales tienen noticia de que "algunas personas vienen caminando del puerto en tropas de carretas con negros y otras cosas", salen a su encuentro, realizando a veces visitas en los parajes o estancias cercanas al Río Tercero. En caso de hallar las carretas con esclavos, constatan si estos están correctamente despachados, anotando en el libro de denuncias nombres, edades y marcas, como así también los despachos que presentan sus dueños.

Sin embargo, las maniobras fraudulentas son variadas e ingeniosas: evitar el paso por la ciudad, esconder mercaderías en estancias cercanas, argumentar que los despachos de los esclavos han sido mandados a la ciudad, presentar "despachos supuestos", o, en el caso de esclavos muleques, alegar que son criollos. Veamos algunos ejemplos: Diego Jufre de Arce, vecino de San Juan, intenta evitar el paso por la aduana. El juez oficial, Juan Celis de Quiroga, lo encuentra en el paraje de las "Dormidas", camino al reino de Chile, llevando cinco carretas con 47 negros bozales. Jufre alega que los despachos de los esclavos han sido llevados a Córdoba por Juan de Silva, su acompañante de viaje, cuyo regreso están esperando. El contingente está en una estancia despoblada de Jerónimo Luis de Cabrera, y por orden del juez debe trasladarse a la estancia de Alonso López de Valdés, junto al Río Tercero. Cinco días más tarde el oficial real realiza la visita, y constata que los despachos son correctos. Sin embargo, el oficial está informado que, durante la noche, Jufre ha escondido en la estancia de López de Valdés "una caja grande y un cofre lleno de lencería y una alfombra grande, treinta azadones, muchas botijas de aceite y aceitunas, muchas hachas y una negra de 15 a 16 años llamada María que está sin despacho". El contrabando no es encontrado, por lo que Jufre queda absuelto y sólo debe pagar como costas del juicio 20 peses para el escribano y 10 pesos para los oficiales reales.[33]

En otras ocasiones, los esclavos sin despacho pueden ser presentados como muleques[34] criollos. En 1627, el alférez Diego Jiménez, se presenta ante la justicia solicitando le devuelvan al negro Bernardo que, junto a otras tres piezas, fue descaminado por el alguacil mayor de la aduana en las proximidades del Río Tercero. En el momento del remate de los esclavos, Diego Jiménez argumenta que Bernardo es un negro criollo, que según la Real Cédula ordena que tales esclavos no deben ser descaminados, y presenta testigos de su compra en el puerto de Buenos Aires. Sin embargo, el alguacil mayor de la aduana se niega a devolver el esclavo,

[32] A.H P.C. Esc. 1, leg 1, exp. 5, año 1627.

[33] A.H P.C. Esc. 1, leg. 56, exp. 7, año 1623-24.

[34] En los documentos notariales se entiende por muleque a las personas infantes o jóvenes que no superen los 15 años y que se pueden vender separadamente de sus padres. Por lo tanto, no son crías transaccionadas junto a los adultos.

aduciendo que éste no está registrado como esclavo antiguo según lo indican las ordenanzas de Salazar. El desenlace del pleito se produce cuando los negros son rematados y el alférez Diego Jiménez es obligado a pagar las costas.[35]

No son ajenas a las prácticas fraudulentas de los comerciantes de esclavos, los "despachos supuestos". Estos consisten en utilizar el despacho de un esclavo muerto, para legalizar a otro de contrabando, sustituyendo sus marcas y nombres. Las ordenanzas obligan a los oficiales de la aduana a registrar en los libros reales las marcas de los esclavos; y en caso de sospechar que se está cometiendo un fraude de este tipo, los oficiales cotejan sus registros con los testimonios de esclavos relativos a su origen, dueños, marcas y nombres. El acusado tiene siempre la oportunidad de realizar un descargo mediante la presentación de testigos; y aun cuando el engaño no sea demostrado, el acusado está obligado a pagar las costas del pleito que incluyen honorarios de tesorero, defensor, intérprete y escribano.

En marzo de 1628, los oficiales de la aduana, inconformes con los despachos de cinco esclavos que desde Buenos Aires trae Cristóbal Sánchez, interrogan a cada uno de ellos por medio del intérprete Pedro Congo, esclavo ladino de Juan de Tejeda. Las declaraciones son contradictorias: Pedro dice que hace año y medio que vino al puerto con Juan de Silva, quien lo vendió a Cristóbal Sánchez; que se llamaba Juan en Pernambuco y que en Buenos Aires le pusieron Pedro; que al desembarcar en el puerto lo escondieron en una chacra con los otros negros declarantes; y que las marcas que tenía las trajo de Angola donde se las hicieron de chico, que coinciden con las del despacho. Por su parte, Francisco expresa que hace mucho tiempo que vino al puerto traído por Bernabé González; que ninguno de estos negros que están en la aduana vinieron con él; que siempre se llamó Francisco; y que la marca que tiene se la hicieron en Pernambuco. Sin embargo, del cotejo de las marcas y de las declaraciones de los esclavos se desprenden faltas de coincidencias y confusiones. En el transcurso del pleito iniciado por los oficiales reales, el propietario desautoriza las declaraciones de los negros alegando:

> ... que son incapaces de distinguir razones de lo que se les pregunta por ser su lengua falta de vocablos y bárbara y no saben los días que tiene un mes y años; y que el negro intérprete también es incapaz porque declaró cosas que decían los dichos esclavos y que ahora estos no dicen haber declarado, por lo cual son nulas las declaraciones en que se contradicen...

En su defensa, Cristóbal Sánchez presenta el testimonio de vecinos de Córdoba quienes afirman que el acusado "es buen cristiano temeroso de Dios, siendo incapaz de no cumplir con los pagos de derecho a su majestad". La justicia considera que las pruebas presentadas por los oficiales reales no son suficientes y absuelve a Cristóbal Sánchez.[36]

---

[35] A.H.P.C. Esc. 1, leg. 59, exp. 5, año 1627.

[36] A.H P.C. Esc. 1, leg. 60, exp. 14, año 1628; asimismo Cfr. A.H.P.C. Esc.1, leg. 60, exp. 5, año 1627.

Es habitual que, cuando los oficiales reales no están conformes con despachos presentados, manden a depositar en un vecino los negros bajo sospecha, mientras se resuelve el conflicto. En tal caso, el depositario otorga recibo de la entrega y promete tenerlos y no accionar sin orden de los jueces, obligándose a darles de comer; este servicio es pagado por la aduana.[37]

Cuando los esclavos son "condenados por perdidos", son sacados a remate. Este se realiza en la plaza pública de la ciudad, y son vendidos al mejor postor. El comprador debe pagar la mitad del monto en la aduana de Córdoba y el resto en la Real Caja de Potosí. Veamos algunos ejemplos: en 1627, se rematan en la plaza pública 30 piezas de esclavos, en presencia de los jueces oficiales y del alcalde ordinario. Las piezas se pregonan en 401 pesos cada una; y son compradas por el gobernador Jerónimo Luis de Cabrera. El pago se efectúa una parte al contado y otra diferida en seis meses. Los derechos de licencia y aduanilla de cada esclavo montan 57 pesos y 6 reales, el resto es derivado a la Real Cámara, al juez y al denunciador como fijan las ordenanzas.[38] En otro remate en el año 1638 se pregonan 30 negros y negras "condenados por perdidos" por haber sido encontrados "extraviados por las pampas". En este caso, el comprador es Pedro Luis de Cabrera quien paga 301 pesos por cada esclavo. Los esclavos se rematan con la condición que lo perteneciente a su majestad lo pagará el comprador en la Caja Real del Potosí dentro de seis meses, debiendo luego traer a la Caja de Córdoba la certificación del pago.[39]

Sin embargo, la instalación de la aduana seca de Córdoba, no altera mayormente el tráfico clandestino de esclavos. En 1625 el gobernador de Buenos Aires, Francisco de Céspedes, advierte al rey que está demostrado que es inútil una aduana en Córdoba, porque el paso por esa ciudad no es obligado, ya que el tránsito de Buenos Aires a Chile y al Perú se puede hacer por otros caminos. Propone entonces el traslado de la aduana a Jujuy.[40]

Desde 1623 hasta 1638 se registran en Córdoba ocho pleitos relativos a contrabando de esclavos. La mayor parte son sustanciados entre los años 1627 y 1628, de los cuales se condenan la mitad. En realidad, pareciera que la aduana, más que frenar el contrabando, lo pone en evidencia. Así es como, en 1628, llega a la aduana de Córdoba el licenciado Antonio Rosillo, comisario del Santo Oficio de las provincias del Paraguay y Río de la Plata, con seis piezas de esclavos despachadas por los oficiales reales del puerto de Buenos Aires. La aduana de Córdoba considera

[37] A.H.P.C. Esc. 1, leg 60, exp. 14, año 1628 y esc.1, leg. 63, exp. 9, año 1628-1630.

[38] En este pleito, el denunciador Don Antonio Montero de Bonilla, alguacil mayor de la aduana de Córdoba, reclama el pago del tercio que le corresponde por juez denunciador. Alega que por servir fielmente a su majestad en su oficio de guarda mayor ha cobrado muchos enemigos y es odiado por ello, de tal forma que ha estado en riesgo de perder su propia vida (A.H.P.C. Esc. 1, leg. 60, exp.5, año 1627).

[39] A.H.P.C. Esc. 1, leg 71, exp. 9, año 1638.

[40] Citado en: Mellafe, 1984b, p. 246.

los despachos como nulos, porque contradicen la Real Cédula que prohíbe el paso de negros de Buenos Aires al interior. Rosillo alega que los trajo de buena fe y con despachos legales, pues los esclavos son de los manifestados en el puerto. Sin embargo, el defensor de la hacienda de la aduana, pide impedir el paso a Rosillo, basándose en la Real Cédula de prohibición, hasta que otra cosa se mande.[41]

En 1624 las autoridades de Buenos Aires acuerdan ofrecer la posibilidad de legalizar los esclavos ocultos y las cosas prohibidas que entran por el puerto. En sus fundamentos, coinciden en que nadie denuncia "ningún género de contrabando y es difícil que los dueños de navíos y quienes los amparan puedan ser prendidos aún en Córdoba". Por esto determinan que es "útil para la real hacienda pregonar y manifestar todos los esclavos que no tuviesen pagados los derechos reales"; y agregan que "no se procederá contra los manifestantes y que el señor virrey pensando en la comodidad de sus vasallos dará el pase por esta vez para la Real Aduana de Córdoba, Perú y otros lados". El oidor Salazar, quien está en el puerto para la ejecución de la cédula de prohibición, avala la resolución del gobernador y de los jueces oficiales, y provee "que todas las personas que tuvieran negros ocultos los manifiesten con la condición de pagar 70 pesos". Para ello otorga un plazo de 15 días, que luego prorroga tres veces. A pesar de estas medidas, sólo se manifiestan 73 piezas. Las autoridades son conscientes de que, durante el período de la prórroga, algunas embarcaciones y carretas salen con tráfico de contrabando. En ese año, algunos comerciantes y sus esclavos se "extravían" por las pampas con la intención de no pasar por la Real Aduana de Córdoba. En estos menesteres son ayudados por "martinillo cacique" de la nación Pampa y por otros caciques del Bagual, todos pertenecientes a reducciones; según argumentan las autoridades de Buenos Aires esta colaboración de los indios proviene de tiempos anteriores y presumen que aún en 1628 continúa, aunque por diferentes caminos. Una presunción que surge de la poca cantidad de esclavos manifestados.[42]

Pese a la existencia de la aduana seca de Córdoba, el contrabando prosigue. La cotidianeidad del comercio ilícito genera y produce ganancias tanto para quienes la realizan como para quienes la controlan. De allí que sean muchos los interesados en participar a pesar de las prohibiciones. En 1628, en una causa por contrabando, vecinos de Córdoba atestiguan a favor del acusado. El juez que entiende en la causa los desautoriza, ya que:

> ...son personas que tienen de costumbre andar en tratos y contratos del puerto a esta ciudad y demás gobernaciones y al Perú (...) y han declarado en su causa y hecho propio...[43]

---

[41] A.H.P.C. Esc.1, leg. 63, exp. 9, año 1628-1630.

[42] A.H.P.C. Esc 1, leg. 60, exp. 14, año 1628.

[43] A.H.P.C. Esc. 1, leg. 63, exp. 9, año 1628-1630.

Los portugueses son una pieza clave dentro del contrabando. Poseen chacras y estancias dentro de la jurisdicción de Córdoba, donde ocultan y amparan a todos aquellos que traen mercaderías ilegales. Según los oficiales reales esta "gente perniciosa" que está avecindada, "es de lo más cuantiosa e inteligente". Tal pareciera ser el caso de Rui de Sosa, portugués, "vecino de esta ciudad y avecindado en ella por más tiempo de 33 años a esta parte, con casa, familia, mujer e hijos", quien es denunciado por el teniente de la aduana Gregorio Rodríguez, por contrabandear almendras, ropas y negros que guarda en su estancia de Guamacha, a diez leguas de la ciudad de Córdoba. Durante la investigación se ordena buscaren todas "las casas, despensas y recámaras, cajas y rancherías"; sólo se hallan barriles con almendras que son decomisadas y rematadas. Los esclavos y la ropa no son encontrados; y el denunciador señala que Rui de Sosa "está acostumbrado a trajinar al puerto y traer mercaderías y no manifestarlas". Dos años más tarde, el portugués apela la resolución; y al hacer su descargo dice que cuando se incautan las almendras, él se encontraba llevando una partida de esclavos negros de Angola que había sacado en remate del puerto de Buenos Aires hacia el reino de Chile. Lo curioso es que en la aduana de Córdoba la partida no está registrada.[44]

Si bien no podemos estimar la cantidad de esclavos entrados a la jurisdicción de contrabando, son de interés para nuestro trabajo las cifras presentadas por Moutoukias, pues nos dan una idea aproximada del volumen del comercio legal e ilegal de esclavos entrados por el puerto de Buenos Aires. Para los años 1586-1665 este investigador calcula la entrada de 25 000 a 30 000 piezas de esclavos; entre 12 000 y 17 000 en forma clandestina, alrededor de 7000 sin autorización, pero blanqueados en remate público, y unos 6000 que son legalmente vendidos. El autor toma como referencia para sus cálculos los trabajos de Trelles y de Vila Vilar sobre la entrada al puerto de esclavos. El primero señala que entre 1586 y 1645 entran 12 733 esclavos de los cuales sólo están autorizados 6000. Vilar calcula para el mismo período 44 000 piezas entradas en general por el puerto.[45]

---

[44] A.H.P.C. Esc. 1, leg. 56, exp. 8, año 1623-1624; Esc. 1, leg. 58, exp. 9, año 1626.

[45] Moutoukias, 1988, pp. 65-66. Sin embargo, para el autor esta última cifra es exagerada, pues la autora extrapola a los años 1616-1640 cálculos hechos hasta 1615, suponiendo un movimiento comercial constante. Pero no es menos cierto que para el período 1601-1615 sus fuentes contabilizan 9825 esclavos desembarcados, mientras que las de Trelles sólo 4674. La interpretación del autor a estas contradicciones están en las fuentes utilizadas: Trelles tiene en cuenta a los navíos españoles, algunos llegados directamente de Angola y Lisboa y la mayor parte de los zarpados desde Brasil. Dejando de lado barcos que salen desde Buenos Aires (propiedad de españoles y portugueses residentes) y una parte de aquellos, no españoles, que arriban directamente de ultramar, África o Europa. En base a estos datos Moutoukias hace sus estimaciones.

1.3 Ventas de esclavos ante los escribanos de Córdoba

Como vemos hasta aquí, todos los esclavos llegados a la jurisdicción proceden del puerto de Buenos Aires; Córdoba es un punto importante en el camino, a partir de ella se bifurcan los caminos con destino hacia Potosí o Chile, principales centros consumidores de esclavos del virreinato. También una interesante cantidad de esclavos se comercializa en la ciudad de Córdoba. Es por esto que, a pesar de la política de monopolio y merced a las permisiones reales y al contrabando, entre los años 1588 a 1640, los escribanos de Córdoba registran un total de 1193 piezas de esclavos vendidas, en 555 transacciones. Esas transacciones movilizan un total de 376 402 pesos de a ocho reales.[46]

A diferencia de otros bienes muebles, los esclavos deben ser registrados por las actas de notario; por esto es posible estimar el movimiento del comercio de esclavos en Córdoba, aunque sería aventurado hacer un cálculo diferenciado entre el comercio legal, el contrabando blanqueado y el comercio clandestino. Habitualmente el notario señala en los documentos el origen legal de los esclavos que se compran y venden en Córdoba. Así es como encontramos piezas que entran con permiso por asiento o licencia, piezas rematadas en almoneda pública con despacho, esclavos manifestados, y en una cantidad considerable de casos no se menciona el origen. Las piezas de contrabando clandestino son difíciles de rastrear, es posible que aquellas escrituras en las que no se menciona el origen legal o el anterior dueño impliquen una situación de contrabando. Por cierto, no descartamos que esa omisión en la escritura pueda responder a una anotación descuidada o intencionada por parte de los participantes en las transacciones. Posiblemente, algunas de estas piezas de contrabando queden en la plaza Córdoba y sean vendidas blanqueando su forma de entrada.

Siguiendo los protocolos notariales, el movimiento general de compraventas de esclavos en la ciudad se cuenta por cantidad de piezas (Gráfico 1) (Anexo A).

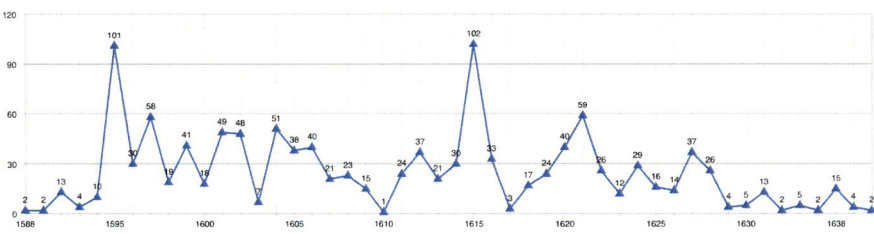

Gráfico 1. Piezas de esclavos vendidas en Córdoba entre 1588-1640.
Fuente: elaboración propia según los registros notariales del A.H.P.C.

---

[46] Todas las referencias a montos en dinero se hacen sobre el peso de plata de a ocho reales, por ser el tipo de moneda metálica que se utiliza en la época en todas las transacciones del distrito.

De la observación del gráfico precedente se deduce que el movimiento comercial en torno a los esclavos es constante en el distrito, aun considerando que, en los años 1589, 1592, 1633, 1635 y 1636 no se registran transacciones. Las fluctuaciones anuales son marcadas; en líneas generales, el período comprendido entre 1588 y 1595 observa un movimiento ascendente en el número de piezas vendidas, señalando el comienzo del tráfico en la jurisdicción. A partir de 1595 el número de piezas en transacción es superior al período inicial, pero conoce bajas significativas en los años 1596, 1598, 1600 y otra más notoria en 1603. Esta última coincidente con las restricciones impuestas por el gobernador del Río de la Plata y Paraguay, Hernandarias de Saavedra. Desde 1604 hasta 1610 observamos un período de contracción en las transacciones, aunque debemos relativizar la caída de 1610 debido a que los registros notariales de ese año están incompletos. Entre 1611 y 1621 el crecimiento es sostenido, con su punto más alto en 1615; pero notamos dos caídas: la de 1613, sensiblemente más atenuada que la de 1617; esta última es casi tan significativa como la de 1603, coincidente nuevamente con la llegada de Hernandarias a la gobernación. Desde 1621 hasta 1640 el movimiento es descendente, acentuándose a partir de 1630. Sin embargo, encontramos alzas significativas para este período en 1624 y 1627, y otras dos menos notorias en 1631 y 1638 que no alcanzan la dimensión de las anteriores.

La contracción del número de piezas vendidas en la jurisdicción en esta última etapa se relaciona tal como lo señalan Canabrava, Braudel y Chaunu, por una parte, en la desaceleración del ritmo de la actividad portuaria que se inicia a partir de 1621, con la consiguiente decadencia del comercio atlántico de Buenos Aires a partir de 1625.[47] Y, por otra parte, hay que tener en cuenta la conmoción interna provocada por las rebeliones de los indios calchaquíes, que interrumpen las relaciones comerciales del distrito.

Hasta aquí, el análisis efectuado apunta a mencionar a grandes rasgos las fluctuaciones que sufre el comercio de esclavos en el distrito. Estas reflejan la sensibilidad de la plaza Córdoba a algunos factores que hemos esbozado como el movimiento portuario de Buenos Aires, las amenazas externas que sufre el virreinato en manos de los holandeses, la instalación de la aduana seca en Córdoba y las rebeliones políticas internas, como el caso del alzamiento calchaquí. Para completar el análisis del período y sus coyunturas se requiere

---

[47] Moutoukias señala que es Canabrava quien intenta por primera vez dar una explicación de conjunto a la decadencia del comercio atlántico por Buenos Aires, vinculada a los efectos que tienen sobre el comercio intercolonial del siglo XVII, la independencia de Portugal y la expansión holandesa. Braudel afirma que el movimiento de la ruta Potosí-Buenos Aires no puede ser distinto al del comercio Atlántico en general. De modo que ubica el momento de mayor circulación entre 1595-1625 y explica la desaceleración posterior a esa fecha por la caída de la producción de plata de Potosí, cuyos efectos son complementados por la fundación de la aduana seca de Córdoba en 1622. Chaunu es quien más lejos lleva la idea de una coyuntura general que afectaría a toda aquella región que, de lejos o de cerca, está ligada a la economía atlántica. Para este autor, la cúspide del movimiento atlántico se sitúa en la larga meseta (1593-1622) antes del derrumbe (Moutoukias, 1988, pp. 67-68).

de investigaciones que brinden información sobre el movimiento comercial de otros productos de la jurisdicción, lo que excede los objetivos del presente trabajo.

1.4 Formas de pago: el acceso directo al metálico

Las transacciones sobre esclavos que se realizan ante los notarios de Córdoba pueden efectuarse en distintas formas de pagos: al contado o a plazo, en metálico o mercancía. Sin embargo, a pesar de que el metálico es escaso en la región, lo predominante en estas transacciones es el pago al contado en moneda metálica.[48] Es evidente, que, de todos los rubros comerciales, el de esclavos es el que permite a los comerciantes en la trata el acceso más directo al dinero metálico.[49] Los interesados en este comercio entablan lazos mercantiles con sus pares en la ciudad Potosí, donde la venta de mercaderías y esclavos se paga en dinero metálico.[50] Llegado este metálico a dicha jurisdicción comienza a circular y se reinvierte en la compra de nuevos esclavos, reiniciándose el circuito.

A lo largo de todo el período estudiado, observamos que las ventas de esclavos realizadas en el distrito de Córdoba movilizan 376 402 pesos de a 8 reales. De ese monto, 251 448 pesos corresponden a pagos efectuados al contado; y 124 954 pesos a pagos a plazo diferido (Gráfico 2). Esto significa que tanto en el caso de las compraventas al contado (67 %) como en diferido (33 %), el pago mayoritariamente es en metálico 95 % y 88 % respectivamente.[51]

Ahora bien, en el período 1588-1640 del total de pagos al contado, hay que discriminar que 239 949 pesos son efectuados con metálico y 11 499 pesos con mercancía (Gráfico 3). En cuanto a los pagos diferidos, 110 433 pesos corresponden a pagos en metálico y 14 521 pesos en mercancía (Gráfico 4).

---

[48] Aunque las transacciones comerciales que se realizan durante la década de 1630-1640 muestran una escasez de metálico circulante en el distrito. Los pagos efectuados por compra de esclavos se pagan a plazo una vez que el deudor venda las mercaderías adeudadas en el Potosí (A.H.P.C. Reg. 1. tomo 49, f 217r -v, del 11/11/1634).

[49] Aún hacia 1640 no se observa en los pagos de las transacciones de esclavos una recuperación de metálico en el distrito. (A.H.P.C. Reg. 1-49 293v 294r, del 8/1/1637).

[50] Garzón Maceda (1968) señala la existencia de un predominio en los cambios locales de "moneda de la tierra", salvo en los negocios referentes a esclavos. Posteriormente, Canabrava (1984) demuestra la coexistencia de una economía natural y otra monetaria para el período 1580-1640 en la región.

[51] Cabe aclarar, que algunas escrituras de compraventa indican el pago en contado, pero en un acta posterior se señala que el pago no ha sido efectuado, y bajo la forma de una "obligación" se determina el plazo del pago diferido. En las contabilizaciones precedentes y en el Gráfico 2 han sido consideradas como pago diferido.

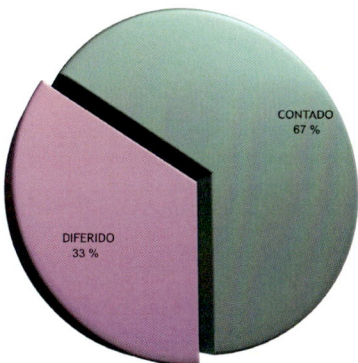

Gráfico 2. Formas de pagos entre 1588-1640.
Fuente: elaboración propia según los registros notariales del A.H.P.C.

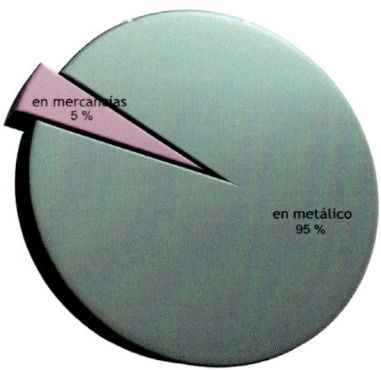

Gráfico 3. Pagos al contado según medio de pago
Fuente: elaboración propia según los registros notariales del A.H.P.C.

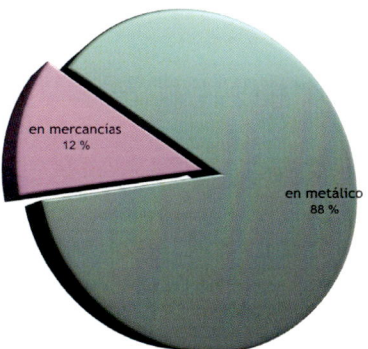

Gráfico 4. Pagos diferidos según medio de pago
Fuente: elaboración propia según los registros notariales del A.H.P.C.

Si este proceso lo graficamos a lo largo de todo el período de estudio, podemos observar que más allá de las fluctuaciones anuales, la constante es el pago preferentemente en metálico tanto en operaciones al contado (Gráfico 5) como en diferidas (Gráfico 6).[52] Dada la escasez de este, el tráfico es una vía de acceso fundamental para que los vecinos a lo largo de toda la ruta comercial accedan al metálico proveniente del Potosí. Es decir, este tipo de operaciones garantiza a los comerciantes el acceso a flujos de capital en efectivo, ya sea al contado o a plazos.

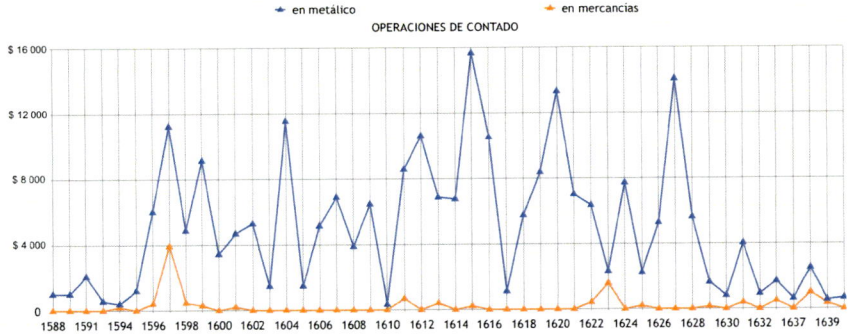

Gráfico 5. Evolución de formas de pago en operaciones al contado según medios de pago entre 1588-1640.
Fuente: elaboración propia según los registros notariales del A.H.P.C.

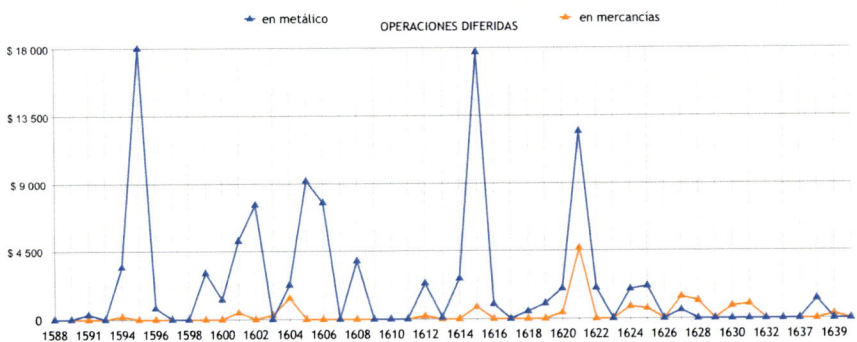

Gráfico 6. Evolución de formas de pago en operaciones diferidas según medios de pago entre 1588-1640.
Fuente: elaboración propia según los registros notariales del A.H.P.C.

El pago en mercadería, ya sea al contado o en diferido, puede ser en distintos géneros. Durante los primeros años del distrito, los pagos de este tipo son en ropa de obrajes, ropas de Castilla, paños de Chile, azúcar, confituras, harinas

---

[52] Los datos correspondientes a estos cinco gráficos se construyeron en base a los datos sistematizados en el Anexo B.

y carretas. Entre 1605 y 1611 los pagos por compra de esclavos son todos en metálico. A partir de esta fecha y hasta 1616 aparecen algunos pagos en géneros, tales como vinos, sombreros, cueros, mulas, objetos de plata provenientes de Chile y ropas de obraje. Desde 1621 hasta 1640 los productos de los obrajes y principalmente las mulas son utilizados en los pagos de esclavos, cuando estos se hacen en mercaderías.[53]

Los pagos diferidos en metálico o mercancía se pactan en un plazo que puede variar desde los cuatro meses hasta los dos años, siendo los más comunes entre seis y doce meses.[54] Las fechas de cancelación habitualmente se establecen para fiestas religiosas como Pascua de Navidad, Pascua de Resurrección, el día de San Juan o el de San Jerónimo. No obstante, los plazos de pago no se cumplen con exactitud: las cancelaciones son efectuadas con posterioridad a la fecha de vencimiento y, según se indica ante el notario, sin cobrar interés alguno.[55]

Las deudas suelen ser pactadas ante el escribano en reales o en mercadería, según las posibilidades del deudor y del mercado. De esta manera, Juan de Silva declara que debe a Antonio Márquez 580 pesos de plata; 480 son en pago de la negra Catalina y los 100 restantes pertenecen a un préstamo. Ante el notario se obliga a pagar dentro de siete meses en la forma siguiente: 3 arrobas de añil a 4 pesos y medio la libra, y lo que resta en rúan de Castilla a 10 pesos la vara; pero en caso de no encontrar esos géneros en plaza, debe pagar en reales al contado.[56]

Aun cuando el pago no sea al contado, los esclavos son entregados en el acto de la transacción para garantizar el pago el deudor hipoteca los esclavos adquiridos.[57] Debemos señalar que también otras deudas comerciales generan hipotecas de esclavos. Por ejemplo, en abril de 1624, Juan Bautista Daniel,

---

[53] Algunos ejemplos de formas de pago en mercaderías en: A.H.P.C. Reg. 1, tomo 8 , fol.254v.- 255v, del 28/5/1596: reg. 1, tomo 9, fol. 260r.-261r, del 25/8/1597: reg. 1, tomo 25, fol. 123v- 124v, del 13/8/1612: reg 1, tomo 29, fol. 72r.-73r, del 14/5/1615; reg.1, tomo 40, fol. 211 v.-214v, del 1/10/1624; reg.1, tomo 42, fol. 305r.-307v, del 26/2/1627; reg.1, tomo 47, fol. 289r.-292v, del 17/12/1631).

[54] A.H.P.C. Reg.1, tomo18, fol. 313r-314r, del 30/7/1605. Juan Díaz de Astigarribia residente en Potosí le vende a Francisco de Barrasa y Cárdenas 4 piezas de esclavos a 1 220 pesos a pagar en 4 meses; y reg.1, tomo 26, fol. 171 r-172v, del 4/10/1614 Antonio Montero Bonilla le vende a Miguel Cornejo dos piezas de esclavos a 800 pesos a pagar en dos años con hipoteca de la casa del deudor; junto con los esclavos se venden mulas.

[55] Como ejemplo, el padre Juan de Biana, rector del colegio de la Compañía de Jesús, vende a Juan Bautista Daniel 3 piezas de esclavos a pagar en diferido metálico para agosto de 1622. La deuda es cancelada el 23 de octubre de 1622, dos meses más tarde, sin interés alguno (A.H.P.C. Reg.1, tomo 37, fol. 94r-95v del 27/10/1621).

[56] A.H.P.C. Reg. 1, tomo 37, 90r-91r, 23/10/1621.

[57] Algunos ejemplos en: A.H.P.C. Reg 1 tomo 25, fol. 115r-116v, del 9/8/1612 ; reg.1, tomo 27 280v- 281 v, del 17/1/1615; reg. 1, tomo 29, fol. 73r- 75v, del 14/5/1615.

vecino de Córdoba, debe a Hernando de Aramburu 600 pesos "que por amistad y buena obra le ha prestado" y se obliga a saldar la deuda para Navidad de ese año, para lo cual hipoteca tres esclavos de su propiedad que no puede vender ni enajenar.[58]

1.5 Precios y fluctuaciones

En el comercio Atlántico de esclavos los precios están sujetos a las fluctuaciones del mercado y a las condiciones intrínsecas de las piezas. Según Frederick Mauro, los precios varían de acuerdo a los puertos de partida y llegada, y a las diferentes coyunturas económicas del siglo XVII; estas variaciones se dan en Angola, Pernambuco y Bahía por la especulación y acaparamiento que desempeñan los funcionarios de estado, "siendo maestros en tales cuestiones".[59] Para Mellafe, factores tales como la abundancia o escasez en el mercado, las leyes restrictivas de la trata, y la falta de oro, influyen en los precios a partir de la segunda o tercera década del siglo XVII en Chile.[60]

Según Canabrava, el establecimiento de los precios en Buenos Aires depende del acuerdo entre contrabandistas y funcionarios, quienes para 1610 estabilizan el precio de cada negro en remate en 70 pesos.[61] Este tipo de acuerdo es habitual. Por ejemplo, en 1627, llega al puerto de Buenos Aires el navío de arribada Nuestra Señora del Rosario, al que se condena "por perdido" y se mandan a rematar las 118 piezas de esclavos que en él vienen. En la almoneda pública, los participantes especulan con los precios: si los esclavos no pueden salir del puerto, hacen posturas bajas; si se les permite el paso al Perú, los precios ofrecidos aumentan considerablemente. Para aprovechamiento de la Real Hacienda las autoridades y el oidor Salazar, presente en ese momento en el puerto, autorizan el pase para lograr una mayor ganancia con precios más altos.[62]

En cambio, en el mercado de Córdoba, los precios de los esclavos no sufren grandes variaciones en el transcurso del período estudiado. Incluso los esclavos que aparecen valuados y rematados por pleitos sucesorios o entregas de dotes, mantienen los mismos precios que en las ventas ante notario. Para Bowser, no es sólo el equilibrio entre oferta y demanda lo que determina las fluctuaciones de los precios. La edad, salud y personalidad del esclavo, su competencia y el prestigio

---

[58] A.H.P.C. Reg. 1, tomo 39, fol. 40r-41r, del10/4/1624. Ver otros casos en: reg 1, tomo 25, del 162v- 163r del 22/10/1612; reg.1, tomo 38, fol. 75r-76r, del 8/4/1622; reg. 1, tomo 40, fol. 261 v-262v del 15/11/1624; reg.1,lomo 48, fol. 198r -203r, del 8/10/1633; reg. 1, tomo 50, fol.126v-128r, del 4/2/1638 y reg. 1, tomo 51, fol. 241r-242v, del 4/1/1640.

[59] Mauro, 1989, p. 233.

[60] Mellafe, 1984b, p. 204.

[61] Canabrava, 1984, p. 109.

[62] A.H.P.C. Esc. 1, leg. 63, exp.9, año 1628-30.

en su oficio son también factores que se tienen en cuenta. La edad avanzada, especialmente en combinación con algún defecto físico, reduce mucho su valor.[63]

En el comercio de esclavos que se practica en Córdoba, el sexo no determina grandes cambios en los precios.[64] En cambio, el precio de una esclava aumenta entre 30 y 70 pesos, cuando va acompañada de una "cría".[65] Los precios de los esclavos varían según el grupo de edad al cual pertenecen. Los esclavos comprendidos entre 16 y 30 años son los más costosos, ya que se encuentran en la edad de mayor productividad laboral. Los esclavos menores de 16 años, pueden valuarse individual o conjuntamente con su madre. En el primer caso los precios van desde los 140 a 250 pesos: Jerónima, mulatilla criolla de Córdoba de tres años, es vendida por 140 pesos, mientras que Baltasar de ocho años lo es por 250 pesos.[66] En otra situación, especialmente cuando se trata de "crías" de menor edad, son vendidos y valuados junto a su madre; tal es el caso de María, Manuel y Mateo de seis, tres y un año y medio respectivamente, quienes son vendidos junto a su madre Lucía por 660 pesos.[67] Excepcionalmente las crías son vendidas con el padre sin discriminar el precio, como es el caso de Antón, negro angola vendido con su hija María de 2 años por 380 pesos.[68]

Los muleques presentan variaciones en sus precios según sus cualidades personales, debido a que están próximos a ingresar en la edad más productiva. En 1597 Francisco, esclavo del Brasil, de 8 o 9 años de edad es vendido por 80 pesos; mientras que, en ese mismo año, Antón, esclavo angola de 12 años por 280 pesos.[69] En 1620 Antonio de 15 años, negro angola, es vendido por 296 pesos y Sebastiana de 14 años, ladina y criolla de Santa Fe, por 420 pesos.[70] Los esclavos de más de 31 años son considerados "viejos"; algunos son vendidos por muy bajo precio, como por ejemplo en 1596, cuando cinco negros de más de 40 años se valúan para su venta en 150 pesos cada uno; igualmente en 1620, Antón, negro de 50 años, se vende por 140 pesos. Sin embargo, en ese mismo año algunos negros

---

[63] Bowser, 1977, p. 187.

[64] Antonia de Quevedo vende nueve piezas de esclavos de 25 años, cuatro mujeres y cinco hombres, que la propietaria ha tenido en su servicio por 400 pesos cada uno. (A.H.P.C. Reg.1. tomo 20, fol. 260r-263r, del 3/8/1608).

[65] A.H.P.C. Reg.1, tomo 21, folio 118v-120rdel 19/6/1609; reg. 1, tomo 26, folio 92v-96v del 4/6/1614; reg.1, tomo 29, folio 72r-73r del 14/5/1615. En las ordenanzas de Salazar de 1625 se aclara que una madre con cría de pecho tiene mayor valor en los remates de esclavos (Galván 1982, p. 522).

[66] A.H.P.C. Reg. 1, tomo 40, fol. 85r-87r del 12/5/1624; Reg. 1, tomo 43, fol. 265v-266v del 26/8/1626.

[67] A.H.P.C. Reg. 1, tomo35, fol. 240r-241vdel 28/3/1620.

[68] A.H.P.C. Reg. 1, tomo 44, fol. 240v-242v, del 18/5/1628.

[69] A.H.P.C. Reg. 1, tomo 9, fol. 75r-76r, del 13/4/1597; y fol. 79r-v, del 14/4/1597.

[70] A.H.P.C. Reg. 1, tomo 35, fol. 143r-144r, del 25/1/1620; y fol. 295v-297v, del 23/5/1620.

viejos son vendidos a buen precio como Mateo de 40 años por 500 pesos, lo que hace suponer sus buenas condiciones.[71]

Como contrapartida de lo que venimos hablando, parece que las "tachas" físicas o morales de los esclavos, en algunos casos, no influyen en su precio: Magdalena de 26 años, negra calificada de "huidora, borracha y cimarrona", es vendida por 450 pesos; y Juan García, criollo de México de 26 años, tachado como "soberbio, incorregible, borracho y ladrón", es valuado en 400 pesos.[72] Algo parecido sucede con los enfermos: Manuel y Gregorio de 28 y 24 años respectivamente, enfermos de "calenturas", son vendidos por su dueño a 350 pesos cada uno; en tanto que el "negro Pocho" de 18 años, enfermo de asma, se vende por 320 pesos.[73]

Debemos mencionar que la belleza física es otro factor tenido en cuenta al momento de la venta: una negra llamada María de 18 años, "atezada de buen rostro", es vendida por su dueño Miguel de Vílchez en 550 pesos al contado.[74] Por su parte, los esclavos con oficio calificado son bien valuados en el mercado. El alférez Francisco López de Ayala vende al padre Marcial de Lorenzana, del colegio de la Compañía de Jesús, un mulato oficial zurrador, a 600 pesos al contado.[75]

---

[71] A.H.P.C. Reg. 1, tomo 8, fol. 245r-246r, del 15/5/1596; reg. 1, tomo 35, fol. 288r-290v, del 21/5/1620; y fol 298r-299v, del 27/5/1620.

[72] A.H.P.C. Reg. 1. tomo 36, fol 81r-82r, del 25/8/1620 y reg. 1, tomo 19, fol. 193v-195r, del 11/9/1606.

[73] A.H.P.C. Reg. 1, tomo 22, fol. 31r-33r, del 3/2/1611 y reg.1, tomo 20, fol. 66r-67v, del 5/10/1607.

[74] A.H.P.C. Reg. 1, tomo 25, fol. 72v-72v, del 7/7/1612.

[75] A.H.P.C. Reg. 1, tomo 39, fol. 110v-111v, del 30/5/1623.

2
Grupos sociales: categorías y participación

Según Lockhart, los grupos sociales en el Perú del siglo XVI, se definen por las categorías dictadas por el sentido común más que por la lógica; el autor sigue en su estudio las designaciones usadas por los españoles de la época, cuando se autodenominan en los documentos. Agrega, además, que en las sociedades españolas de las Indias, la función determina la situación social de sus habitantes; por lo tanto, si se quiere saber quiénes son los pobladores, la mejor manera de conocerlos es describir su ocupación.[76] Para el distrito de Córdoba, Piana afirma que los habitantes de la región conforman una sociedad compleja, que debe ser estudiada más allá del incentivo económico que genera el Potosí.[77]

Definir los grupos sociales que participan del comercio de esclavos en el distrito de Córdoba no es una tarea fácil. Las fuentes que utilizamos imponen límites en las categorizaciones: las actas notariales consultadas mencionan sólo algunos datos de los participantes. Respetando la información que surge de los documentos y teniendo en cuenta cómo se autodesignan los participantes, planteamos categorías amplias y abarcativas, en las cuales "vecinos" y "religiosos" se definen por su función; en cambio "residentes" y "estantes" lo hacen por su situación, entendida ésta como grado de permanencia en la ciudad.

---

[76] Lockhart, 1982, pp. 17-18.

[77] Piana, 1992, p. 146.

2.1 Una actividad mercantil que atrae a muchos

Los diferentes actores sociales de la jurisdicción acceden a los esclavos principalmente a través de las compraventas. Por ellas observamos las inversiones monetarias que realizan (Gráfico 7), así como el peso porcentual de su participación en las operaciones comerciales ante los notarios de Córdoba (Gráfico 8).

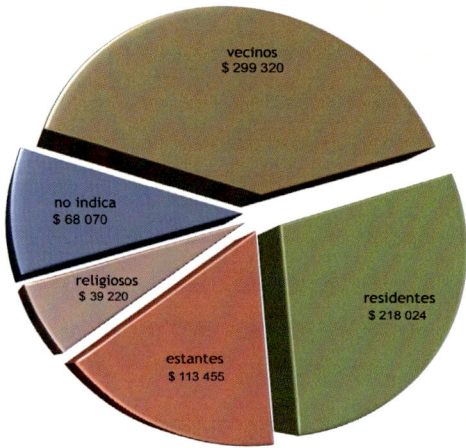

Gráfico 7. Participación de grupos sociales según montos invertidos entre 1588-1640.
Fuente: elaboración propia según los registros notariales del A.H.P.C.

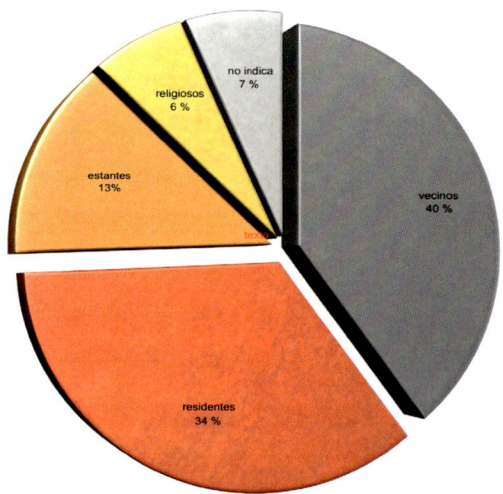

Gráfico 8. Participación porcentual de grupos sociales en transacciones con esclavos entre 1588-1640.
Fuente: elaboración propia según los registros notariales del A.H.P.C.

Del análisis de los gráficos 7 y 8 surge la proporción de montos movilizados por grupo, observando que 382 vecinos manejan los mayores montos con 299 320 pesos (40 %). Le siguen en importancia 329 residentes que suman 218 024 pesos (34 %), 123 estantes con 113 455 pesos (13 %), 65 personas que no indican su grupo por un total de 68 070 pesos (7 %) y finalmente 60 religiosos con 39 220 pesos (6 %).[78]

Gráfico 9. Evolución de la cantidad de transacciones entre 1588-1640.
Fuente: elaboración propia según los registros notariales del A.H.P.C.

Entre 1580 y 1640 se realiza un total de 555 transacciones (Gráfico 9). Las compraventas son modestas al comienzo del período de estudio el cual inicia pocos años después de la fundación de la ciudad en 1573. Será necesario que transcurra siete años para observar en 1596 un aumento significativo de la compra-ventas de esclavos. A partir de allí el comercio se mantiene constante con algunos altibajos hasta 1615 cuando se registra el de mayor número de compraventas por año. Posterior a este alcance se produce una caída significativa que es compensada en los años siguientes, salvo en los últimos diez años del estudio en cual disminuyen casi al nivel inicial. Cabe recordar aquí que coincide con los años de inicio de las guerras calchaquíes (1630-1667) que involucraron a los habitantes de la provincia de Córdoba del Tucumán en un enfrentamiento entre pueblos indígenas y autoridades coloniales que repercutió en el comercio en general.

2.2 Participantes en la trata

A lo largo de todo el período, la participación de los grupos no se limita a compraventas dentro de la jurisdicción; existen otros mecanismos de acceso a los esclavos, tales como trueques, donaciones, herencias, dotes, compañías y poderes. En los siguientes apartados, y a través del análisis de casos según el grupo del cual se trate, podemos observar una multiplicidad de mecanismos. Así

---

[78] Los datos correspondientes a los gráficos 7 y 8 se construyeron en base a los datos de los anexos C1 y C2.

mismo, esto revela el grado de apropiación que tenían los diferentes grupos que comerciaban desde y en el distrito de Córdoba, incorporando incipientemente estos territorios distantes a los circuitos de comercio internacional relacionados a la trata de esclavos.

2.2.1 Vecinos

Al igual que en otras regiones de la América hispana, cuando los firmantes de un protocolo notarial se presentan a sí mismos como vecinos, están haciendo referencia a que poseen en el distrito casa y solar señalado y que disponen de hombres, armas y caballos para acudir a la defensa de la ciudad. En el caso de nuestro distrito encontramos dos tipos de vecinos. Los vecinos encomenderos, grupo "integrado por aquellos que participaron en la conquista del distrito en la primera década de la fundación de la ciudad; por sus hijos, herederos en segunda vida; y por los nuevos feudatarios que adquieren tal condición a través de alianzas matrimoniales"; y vecinos no encomenderos que son "todos aquellos que, habiendo participado en los afanes de la conquista, quedaron sin premio". Son los nietos o parientes cercanos de los europeos sin derechos sobre los repartimientos de sus familiares, los artesanos y los oficiales, quienes carecen de los bienes habituales que poseen los vecinos reconocidos: tierras y mano de obra indígena. Los vecinos encomenderos del distrito, dueños de la tierra y de la mano de obra indígena, comercializan los tributos y obtienen ganancias con bajos costos de producción debido a la escasa inversión de capital.[79] Con esas ganancias producen un encadenamiento de tratos mercantiles, entre los que figuran en un lugar destacado la compraventa de esclavos. El capital puede ser confiado a un negociante para que lo invierta comprando esclavos y otras mercaderías en Buenos Aires; o bien, el vecino asociado con otros vecinos o residentes, alcanza directamente los centros de Brasil o África. El papel del viajante asociado generalmente es asumido por un portugués.

En este sentido, el encomendero Pablo de Guzmán, es un buen ejemplo para comprender el encadenamiento de tratos mercantiles del que puede formar parte un vecino prominente. Desde un comienzo, Guzmán participa en el comercio de esclavos; en 1591 compra por primera vez cuatro piezas, dos de las cuales revende ese mismo año en la ciudad. Tres años más tarde compra a Pedro Luis de Cabrera, 800 varas de sayal puestas en el puerto de Buenos Aires y el flete de las mismas; Guzmán se compromete a pagar estos servicios con esclavos que manda a comprar a Brasil, o bien en reales. En 1597 establece un concierto con el factor general de esclavos, el capitán Vasco Pinto. Guzmán se obliga a poner en Buenos Aires 12 carretas con bueyes e indios para Navidad de todos los años que abarca el acuerdo, incluyendo la comida desde Buenos Aires a Jujuy y 480 varas

---

[79] Piana, 1992, pp. 150-155.

de sayal para vestir a los esclavos. Por su parte, Vasco Pinto pone la carga de las carretas, equivalente a 10 piezas en cada una, y se compromete al pago de 160 pesos de flete por cada carreta que pone Guzmán; el objetivo del concierto es la venta de esclavos en el Potosí. Hay que señalar que las carretas que pone Guzmán son alquiladas ese mismo año a Luis de Abreu, vecino de la jurisdicción.[80] En 1614, continúa en el negocio de la trata, esta vez a través de un poder que otorga a Francisco Núñez para que le compre negros en el puerto por la cantidad de 1000 pesos.[81] Sus inversiones también incluyen la compra de negros en remate, que se efectúan en la ciudad de Córdoba. En 1618 compra a la sucesión de Tristán de Tejeda 17 esclavos negros, que conforman 5 familias y dos piezas solteras y paga por ellos 4900 pesos.

Los encomenderos destinan su dinero metálico a los negocios de importación de mercaderías europeas y compras de esclavos, que realizan asociados a mercaderes portugueses.[82] Luis de Abreu, vecino encomendero, participa con Jerónimo Luis de Cabrera de la fundación de la ciudad de Córdoba. Al igual que otros conquistadores obtiene varias mercedes. Con el transcurrir de los años se transforma en un floreciente empresario a través de las ganancias obtenidas con la mercantilización del tributo de sus encomiendas, lo cual le permite financiar otras inversiones comerciales como la compra de esclavos. En varias ocasiones interviene en la trata con dinero que le entregan otros habitantes de la gobernación para comprar piezas en Brasil; también lo encontramos traspasando licencias de esclavos a autoridades locales, o bien se encarga de recibir en Buenos Aires y trasladar a Córdoba las piezas que otros vecinos adquieren. En 1602 organiza una importante compañía con Pantaleón Márquez Correa, portugués avecindado en Córdoba, con quien pocos años después establece una tienda en la ciudad.[83] Un ejemplo de vecinos encomenderos de segunda generación, participantes activos del comercio de esclavos, es el caso de Pedro Luis de Cabrera y su sobrino Jerónimo, ambos descendientes del fundador de la ciudad de Córdoba. En el año 1621 invierten 15 130 pesos en la compra de piezas. Luego, en 1627, aparecen nuevamente comprando "negros extraviados" que se rematan en la aduana de Córdoba; en septiembre de ese año, Pedro Luis compra 30 esclavos en 9030 pesos, los que se obliga a pagar en la Real Caja de Potosí en seis meses. Ese mismo año, en compañía de su sobrino da poder al vecino Rui de Sosa y a Luis de Navarrete, para que inviertan 12 000 pesos en la compra de esclavos y mercadería en el puerto. Al año siguiente prosiguen

---

[80] A.H.P.C. Reg. 1.1omo 6, fol.74v.-76r, del 1/8/1591 y fol. 121r.-122r, del 4/12/1591; reg 1. tomo 7, fol. 243r.-245, del 31/12/1594; reg. 1, tomo 8, fol 361v.-362v, del 10/1/1597; reg.1, tomo 9, fol. 113v.-116v, del 22/4/1597.

[81] A.H.P.C. Reg. 1, tomo 26, fol. 248r.-249v, del 29/3/1614.

[82] Garzón Maceda, 1968, p. 8.

[83] Piana, 1992, p. 211.

las inversiones: Jerónimo Luis compra en un remate de la ciudad 30 piezas de esclavos, por la suma de 12 030 pesos, que se obliga a pagar dentro de seis meses en Potosí.[84]

Si los vecinos ocupan este lugar de importancia dentro de la trata, es por su poder adquisitivo y también por relación directa con el poder político. Según Piana "la fórmula del éxito de los vecinos es invariable; el acceso a la mano de obra indígena se complementa con la adquisición del usufructo o de la propiedad sobre las tierras rurales. Otro de los puntos de apoyo es el establecimiento de vínculos políticos y de parentesco".[85] Un ejemplo de estos vínculos lo encontramos en el año 1603. El gobernador de Buenos Aires Hernandarias de Saavedra parte con el obispo Loyola a Asunción; deja como su lugarteniente a Pedro Luis de Cabrera, quien queda encargado de hacer cumplir las ordenanzas de 1602 que prohíben el comercio efectuado por portugueses, principalmente el tráfico de esclavos. A pesar del encargo, la actuación de este funcionario no se inspira en las ideas de su pariente Hernandarias. Convencido de las necesidades padecidas por las ciudades del interior, donde tiene su casa e intereses, cree cumplirlas facilitando su comercio. Sin prejuicios contra los portugueses, entra en trato con ellos ayudando a sus operaciones comerciales.[86]

El poder político de la ciudad es ejercido por los vecinos, quienes, a través de su participación en el Cabildo, defienden sus intereses en el comercio de esclavos. En 1621, este órgano corporativo tiene como autoridades a vecinos como Juan de Tejeda Miraval, Lázaro de Molina, Gabriel García, Juan de Torreblanca, Diego de Navarrete, Hernando Tinoco y Pablo González. Todos participantes de la compraventa de esclavos. Ese mismo año, un auto del juez oficial ordena que todas las personas de la ciudad manifiesten los esclavos que han entrado en la ciudad, controlando si los negros están bien despachados. El alcalde ordinario Juan de Tejeda Miraval manda a suspender el auto, argumentando que los negros entran por Buenos Aires, donde los oficiales reales hacen el control, por lo que no ha sido hasta ese momento uso y costumbre que el oficial real de Córdoba realice estas visitas; y le indica que puede cobrar cuando encuentre negros sin los despachos correspondientes, con lo cual desautoriza al juez y pone en resguardo sus negocios y los de sus iguales.[87]

---

[84] A.H.P.C. Reg. 1. tomo 37, fol. 81v.-82v, del 23/10/1621 y fol. 288v.-289v, del 20/12/1621: reg.1, tomo 42, fol. 262r.-264r, del 14/9/1627; fol. 114r.-v, del 14/4/1627; fol. 159v.-160r, del 19/5/1627; fol 161 r.-162r. del 20/5/1627 y reg. 1, tomo 44, fol. 7r.-11r, del 11/1/1628.

[85] Piana, 1992, p. 206.

[86] Molina, 1966, pp. 106-107.

[87] Acta Capitular del 2/6/1621 (A.M. VI, pp. 295-209).

2.2.2 Residentes

Después de los vecinos siguen en importancia, por su participación en la trata, el grupo de los residentes. En esta categoría están incluidas aquellas personas que residen en la ciudad, aunque su tiempo de permanencia en ella no se establezca claramente. Los residentes pueden poseer casa en el distrito o alquilarla, pero no tienen la obligación de "defender la ciudad con armas, hombres y caballo". Algunos de ellos son vecinos de otras jurisdicciones, que permanecen en la ciudad por períodos de tiempo determinado, mientras que otros viven permanentemente en ella.

Dentro del grupo de los residentes que participan en la trata sólo algunos mencionan su ocupación: profesionales, artesanos y mercaderes. La mayoría de estos son residentes que realizan pequeños tratos, es decir compran u obtienen por medio de trueque pocas piezas de esclavos a lo largo de toda su vida; también encontramos residentes que efectúan grandes tratos, principalmente mercaderes que compran cantidades considerables de esclavos, ya sea para su venta en el mercado local o en otras jurisdicciones.

Entre los principales profesionales residentes que participan de la trata de esclavos en Córdoba, encontramos escribanos, como Sebastián González Ruano, Rodrigo Alonso del Granado y Juan de Achaval; médicos cirujanos[88], como Alonso Telles de Rojas, Andrés de Navarro, Martín de Fonseca, Pablo de Vides, Juan de Vargas; y abogados, como Luis del Peso y José de Fuensalida Meneses. Los profesionales adquieren algunos esclavos para el servicio doméstico de sus hogares, para alquilarlos a terceros, o simplemente como símbolo de prestigio en la sociedad. Artesanos, herreros, carpinteros, sombrereros, sastres, zapateros, maestros ensambladores y entalladores también invierten en la compra de esclavos; estos oficiales adquieren las piezas principalmente para incrementar la productividad en sus tareas; de allí que suelan adquirir esclavos con oficio, o, en su defecto, proceden a capacitarlos para el trabajo en sus talleres.[89]

A veces, la compra de un esclavo es algo más que una inversión laboral: varios artesanos del distrito utilizan sus esclavos para salir de apremios económicos, hipotecándolos para asegurar el pago de alguna deuda. Veamos un ejemplo. En 1611 Francisco Méndez, oficial sombrerero, parte al Perú y se obliga a pagar por una deuda a Francisco Vázquez 630 pesos en reales al contado en 6 meses. Le deja como garantía a dos de sus negros, Antón y Gonzalo, oficiales sombrereros que pueden trabajar para él o alquilar su trabajo y con la ganancia

---

[88] A.H.P.C. Esc.1, leg 7, exp. 1, año 1598. De la lectura del pleito sustanciado contra el médico cirujano Alonso Telles de Rojas surge que existe una diferencia entre médico y cirujano. El primero tiene licencia para curar, mientras que el cirujano adquiere su preparación mediante la práctica directa como aprendiz. Sin embargo, Rojas intenta demostrar la posesión de su título a través del testimonio de personas que dicen lo han visto curar. En nuestra categorización no hemos considerado la diferencia.

[89] Lockhart, 1982, pp. 125-128.

cobrar la deuda. Al año siguiente, Méndez compra a Bernardo Gómez un esclavo llamado Andrés, negro ladino de 16 años, pagando por él 400 pesos; 200 pesos los paga en sombreros finos a entregar en octubre de ese año y lo restante en reales para Navidad. En 1613, Méndez vende a este negro para pagar deudas a Diego García quien le paga 200 pesos en reales al contado y cancela una cédula por 100 pesos que le adeuda el comprador.[90]

Los artesanos también adquieren esclavos mediante el trueque. Enrique Alberto, oficial carpintero, entrega un esclavo "indio cabra" llamado Domingo y recibe de Diego Machado un negro muleque de 10 años llamado Manuel, comprado en el puerto de Buenos Aires. El hecho es que, un mes después, el carpintero vende el negro Manuel a Gregorio Darze, vecino de Mendoza, por 170 pesos en reales al contado.[91]

Los mercaderes residentes participan activamente en el comercio de esclavos. Dentro de la jurisdicción de Córdoba encontramos pequeños mercaderes que compran y venden una o dos piezas de esclavos en la plaza local. También hay grandes mercaderes vinculados a los circuitos comerciales de larga distancia que abastecen a la ciudad de esclavos; estos son generalmente portugueses y forman parte de los dinámicos comerciantes que dominan la ruta del Atlántico sur.[92]

Canabrava es la primera en mencionar la importancia de la presencia portuguesa en el Río de la Plata en los tratos mercantiles, durante el período de unión de las coronas (1580-1640). Por su parte, Moutoukias dice que para 1550 los portugueses se encuentran en Potosí, y para fines del siglo XVI comienzan a afincarse en Córdoba, Buenos Aires y Santiago del Estero, anudando lazos comerciales y emparentándose con las élites locales. De este modo, los portugueses se cuentan entre los primeros que establecen una comunicación comercial entre la cuenca minera y el Atlántico.[93]

Lope Vázquez Pestaña es el portugués pionero en la zona del Río de la Plata, quien ya en 1586-1587 organiza la expedición del Obispo Vitoria. Las ganancias de sus negocios le permiten comprar su propio navío llamado San Francisco y afincarse en Buenos Aires.[94] Sus negocios lo llevan a Córdoba, siendo el primer residente vendedor de esclavos en la ciudad. En 1594 recibe de vecinos

---

[90] A.H.P.C. Reg. 1, tomo 22, fol. 105r.-v, del 11/4/1611; reg.1, tomo 25, fol 123v-124v, del 13/8/1612 y fol. 338r.-339r, del 27/12/1613.

[91] A.H.P.C. Reg. 1, tomo 27, fol. 241v.-243r, del 28/2/1615.

[92] Según Bowser (1977, p. 80), "el tráfico de esclavos en el Atlántico es un sórdido y complejo negocio en el que desempeñan un papel fundamental los grandes mercaderes portugueses. Es su capital, su iniciativa, sus conocimientos y su avidez de beneficios lo que hace que este tráfico funcione".

[93] Moutoukias, 1988, pp. 57-58.

[94] Molina, 1966, p. 49.

y residentes de la ciudad, dinero y mercadería para comprar negros de Angola y Brasil y traerlos hasta el puerto de Buenos Aires. Para esto adquiere en Córdoba sayales y comida para las piezas que trae del puerto, como así también caballos para los fletes hacia Potosí y Chile. Nueve años más tarde del inicio de sus negocios en la ciudad, decide avecindarse en la misma.[95]

Para esa fecha otros portugueses se convierten en vecinos de la ciudad: Pantaleón Márquez Correa, Diego López de Lisboa, Rui de Sosa, todos ellos importantes comerciantes de esclavos. Los funcionarios de la Corona son conscientes de la "cuantiosa" intromisión de portugueses en las provincias del Río de la Plata. En 1625 se realiza un intento de expulsión "quitándoles la ocasión de meterse tierra adentro". Sin embargo, las autoridades locales saben que los portugueses avecindados en estas provincias "son de lo más inteligente y se ayudan los unos a los otros para pasar al Perú con esclavos y mercaderías, aventurándose a perder todo lo que llevan, en perjuicio de su majestad".[96] La expulsión de portugueses no se lleva a cabo, y dado el interés de los vecinos beneficiados con las mercaderías que ellos traen. De todos modos, en 1626 se impide a la población lusitana radicada en Buenos Aires o en el interior ocupar cargos públicos; y Rui de Sosa, alguacil mayor de Córdoba, debe abandonar su cargo en cumplimiento de la cédula que prohíbe a extranjeros el ejercicio de funciones públicas.[97]

Un buen negocio tanto para vecinos como para residentes de la ciudad es entregar cierta cantidad de pesos o mercaderías a un tercero, encargado de compras o socio viajero, quien a través de un poder compra esclavos en Brasil o Angola, y los vende en Potosí, Chile, o en la misma jurisdicción de Córdoba. Este tipo de asociaciones se dan a comienzos del siglo XVII. La ciudad es un buen lugar para organizar y realizar este tipo de negocios; desde ella, se accede a los circuitos de larga distancia, lo que lleva a algunos de estos residentes a establecerse como vecinos de la ciudad.

En 1601 Francisco Núñez aparece por primera vez en los protocolos notariales como residente que compra en la ciudad de Córdoba algunas piezas de esclavos. Más tarde, en 1604 los documentos lo registran como vecino. La decisión de establecerse en la ciudad, se debe a la importancia que tiene la ubicación de la misma en las rutas comerciales donde desarrolla su actividad. Núñez aparece reiteradamente en los documentos "de partida para el puerto de Buenos Aires", como negociante encargado de conducir dinero de otros vecinos para adquirir piezas de esclavos y mercaderías. Lo obtenido en el puerto es traído

---

[95] A.H.P.C. Reg. 1, tomo 4. fol. 10r.-v, del 27/4/1588; reg. 1, tomo 9, fol. 67r.-68r, del 11/4/1597; reg.1, tomo 7. fol. 142r.-144r, del 27/6/1594; fol. 153v.-154r, del 28/6/1594; fol 158v.-159v, del 28/6/1594; fol. 166v.-167v, del 2/7/1594; reg 1, tomo 9, fol 248v.-249r, del 20/8/1597; fol 271r.-v. del 26/8/1597.

[96] A.H.P.C. Esc. 1, leg 63. exp 9, año 1628-1630.

[97] Canabrava, 1942, p. 126.

a Córdoba o llevado a vender al Potosí. En uno de estos tratos, aparece asociado al comerciante portugués Diego López de Lisboa. Como parte de sus actividades provee de mercaderías a varios tenderos de la ciudad. También es comisionado para llevar plata de la Real Caja del puerto a Potosí. A la hora de su muerte tiene notables deudas, en cuanto a los montos y personajes, tal como la que le reconoce a Diego de Vega, vecino contrabandista de Buenos Aires, 14 500 pesos. Dado el estado de su patrimonio, la deuda indica que maneja un considerable capital, que ha logrado acumular a lo largo de su trayectoria como comerciante.[98]

2.2.3 Estantes

En su análisis Mellafe incluye dentro del grupo de estantes a mercaderes, encomenderos, militares y mineros de otras ciudades, que están de paso en Santiago de Chile; y agrega que en las escrituras se declaran como tales, o más comúnmente como "estantes al presente".[99]

Una categorización semejante presenta las actas notariales de Córdoba. Al distrito llegan algunos estantes, vecinos y residentes de otras jurisdicciones, que compran y venden esclavos en la ciudad. Proceden de diversos lugares: Buenos Aires, Potosí, Santiago del Estero, Mendoza, Talavera, La Rioja, San Juan, Santa Fe, Santiago de Chile y Paraguay. En algunas ocasiones se declaran "estantes" o "estantes al presente", en otras sólo mencionan su lugar de residencia o su paso por la ciudad. Su participación en el comercio de esclavos en el mercado local es significativa, tanto por los montos que movilizan como por el número de personas intervinientes. Según muestran los gráficos 7 y 8 los estantes figuran en tercer lugar de importancia, después de vecinos y residentes. Es importante señalar que los montos empleados son mayores en el ítem comprador con 61 992 pesos, que en el vendedor con 51 463 pesos (anexos C1 y C2). Esto muestra la importancia del distrito como centro de distribución de esclavos en la región. En cuanto a la cantidad de estantes intervinientes, la proporción anterior se mantiene con 75 personas compradoras y 48 vendedoras.

Los estantes que provienen de Buenos Aires, Potosí y Talavera llegan principalmente en calidad de vendedores al distrito. En 1604 Andrés de Solís residente del Potosí vende a Agustín Ruiz Castelblanco, vecino de Córdoba, 15 piezas de esclavos en 4500 pesos a pagar al contado. Al año siguiente, los estantes que aparecen en transacciones de esclavos en la ciudad, incluyen a tres residentes del Potosí que traen a vender a Córdoba 26 piezas de esclavos

[98] A.H.P.C Reg. 1, tomo 14, fol. 44r-v, del 26/2/1601; tomo 16, fol. 78r-79r, del 5/11/1604; tomo 26, fol. 70r-71r, del 29/3/1614 y 248r-249r, del 29/3/1614; tomo 27, fol. 243v-244v, del 20/3/1615; tomo 22, fol. 35r-36r, del 17/2/1611; tomo 45, fol. 106v-108v, del 17/10/1628; tomo 41, fol. 148r-154r, del 23/8/1625.

[99] Mellafe, 1984b, p. 191.

comprados en el puerto de Buenos Aires; lo procedido de las ventas se cobrará en un plazo de seis meses en Córdoba. En 1615 uno de ellos, Jorge de Paz, recibe poder para vender en nombre de un vecino de Córdoba, cinco piezas de esclavos en Potosí.[100]

Con respecto a los estantes que asiduamente compran en el distrito, podemos decir que provienen principalmente de Santiago del Estero, Santiago de Chile, Mendoza, San Juan y La Rioja. Los procedentes de Santiago del Estero son compradores de esclavos en la plaza Córdoba a lo largo de todo el período estudiado; aunque también realizan operaciones de venta, como es el caso de Juan Cabral, vecino de Santiago del Estero, "estante al presente" en Córdoba, que en 1620 le vende una esclava al general Sancho de Paz y Figueroa, también vecino de Santiago del Estero y estante en la ciudad.[101] Mellafe señala que algunos habitantes de Chile encargan a mercaderes o particulares que pasan la cordillera, la compra de esclavos en Buenos Aires, Tucumán o Paraguay, debido a los precios más bajos que se pueden encontrar y como buena inversión, aunque sea de pocos pesos.[102]

En Córdoba se registra el paso de algunos de estos encargados de compras que llegan desde el reino de Chile. Citemos como ejemplo a Gonzalo Ferreira, quien periódicamente compra esclavos en la ciudad. En 1604 adquiere por primera vez un muleque a 270 pesos; años más tarde, son cuatro las piezas en las que invierte 360 pesos; vuelve a aparecer comprando esclavos en 1619, por un monto 2080 pesos. En esta última ocasión se asocia con un vecino de Córdoba, Lázaro de Matos Silveyra. La compañía surgida se propone invertir 12 000 pesos para ir al puerto de Buenos Aires a comprar esclavos, los que deben ser llevados al reino de Chile por Lázaro de Matos Silveyra; de regreso debe entregar hacienda a Ferreira en la ciudad de Mendoza. Los gastos y ganancias corren por partes iguales.[103]

Dos años más tarde, Lázaro de Matos da poder a Juan de Silva, vecino de Santiago de Chile residente en Córdoba y de partida para Potosí, para que cobre a Gonzalo Ferreira el dinero procedido de la compañía realizada en Córdoba en 1619 y de otra escritura de deuda firmada en Mendoza en 1620. Los documentos van mostrando las redes de relaciones que se tejen a lo largo de este espacio marginal del virreinato del Perú: Silva debe traer el dinero a Córdoba, pero si Matos

---

[100] A.H.P.C. Reg. 1, tomo 17, fol. 177v.-178v, del 24/3/1604; reg.1, tomo 18, fol.287r.-288v, del 20/7/1605, fol. 292r.-293r, del 21/7/1605, fol. 313r.-314r. del 30/7/1605, fol.315v.-316r.del 1/8/1605, fol 316v.-318r, del 1/8/1605, fol. 322r.-324r, del 9/8/1605; reg.1, tomo 29. fol 50r.-v, del 3/5/1615.

[101] A.H.P.C. Reg. 1, tomo 35, fol. 295v.-297v, del 23/5/1620.

[102] Mellafe, 1984b, p. 253.

[103] A.H.P.C. Reg 1, tomo 17, fol. 113r-114v, del 7/9/1604; reg. 1, tomo 21, fol. 139v-140v, del 26/8/1609 y fol. 138r-139r, del 11/8/1609; reg. 1, tomo 34, fol. 229v-232r, del 5/10/1619, fol. 245v-248r, del 11/10/1619, fol. 227r-229r, del 16/10/1619, fol. 236v-241v, del 11/10/1619.

no se encuentra en la ciudad, debe entregar el mismo a Alonso Nieto; en cambio, si va a Buenos Aires no estando Matos en el puerto, debe entregar el dinero a Diego de Vega o a Antonio Sarea; en caso de que Silva no pueda venir ese año desde Santiago, debe enviarlo con los padres de la Compañía que viajan desde allí a Córdoba antes de que la cordillera se cierre; en última instancia, le sugiere que se lo envíe con otra persona fiable que venga hacia estos lugares.[104] Un ejemplo excepcional por la procedencia de las piezas, de comerciantes de esclavos que llegan a Córdoba, es el de Juan Bernardo Jaramillo, vecino de Santiago de Chile, quien en mayo de 1620 aparece primero comprando cuatro esclavos y dos días más tarde vendiendo ocho esclavos ladinos que trae del reino de Chile.[105]

2.2.4 Religiosos

Este sector se identifica en los documentos de la época en relación a su profesión y a su participación como miembros de la Iglesia, y no a su grado de residencia. Según los gráficos 7 y 8, sesenta religiosos participan en las compraventas del distrito invirtiendo 39 220 pesos (Anexos C1 y C2). Dentro de este grupo, la Compañía de Jesús y el convento de Santa Catalina de Sena, ambos asentados en la ciudad, son los principales inversores. También figuran en menor medida algunos clérigos presbíteros, la orden de San Francisco y el comisario del Santo Oficio presbítero Francisco de Trejo.

Lockhart señala que "si bien algunos sacerdotes llegan con nombramientos reales a beneficios, y otros portan cédulas que estipulan que debe pagárseles a cuenta del tesoro un pequeño sueldo para que se consagren a la tarea misionera, muchos vienen por su propia iniciativa, y están abandonados a sus propios recursos.[106] Es por esto que se dedican a diversas actividades económicas: prestan dinero, poseen bienes raíces y ganado, e invierten como socios discretos en mercaderías u otras empresas, sacando buen partido de sus vinculaciones eclesiásticas como red de trabajo mercantil, particularmente importante para cobrar las deudas. Los eclesiásticos hacen uso de sus exenciones y trafican con mercaderías que les dan lucro.[107] Según Bowser, "las distintas órdenes religiosas compran habitualmente grandes lotes de esclavos de cuando en cuando, presumiblemente para empleo de sus propiedades rurales".[108]

Las órdenes religiosas de Córdoba no son la excepción. En 1621 el convento de Santa Catalina de Sena de la ciudad de Córdoba, manda al licenciado Antonio

---

[104] A.H.P.C. Reg. 1, tomo 37, fol. 86r-87v, del 23/10/1621.

[105] A.H.P.C. Reg. 1, tomo 36, fol. 24v-26v, del 25 /5/1620; reg. 1, tomo 35, fol 298r-299v, del 27/5/1620; reg. 1, tomo 38, fol. 168v-170r, del 20/5/1622.

[106] Lockhart, 1982, pp. 73-74.

[107] Escobari de Querejazu, 1985, p. 23.

[108] Bowser, 1977, p. 119.

de León, que se encuentra pronto a partir hacia España, con el encargo de pedir permiso para introducir por el puerto de Buenos Aires, 50 esclavos que el convento necesita para "su sustento y adorno del culto divino".[109]

Si los religiosos obtienen el permiso con la licencia correspondiente, pueden ingresar directamente por el puerto Buenos Aires mercaderías y esclavos pagando los derechos respectivos. Por ejemplo, en 1628, el padre Nicolás Duran de la Compañía de Jesús, es visitado por los oficiales reales de la aduana de Córdoba en el Río Tercero. En treinta carretas vienen treinta y siete religiosos de España junto a fardos de paño, lienzo, libros, imágenes, aceite, cera, ropa blanca, criados y catorce piezas de esclavos. Una vez realizada la inspección se les permite el paso por tener la licencia respectiva y se les pide que pasen por la aduana en la ciudad tal como se ordena generalmente.[110]

Pocos días después, los oficiales reales de la aduana de Córdoba registran a 20 leguas de la ciudad, en la zona cercana al Río tercero, otras 12 carretas pertenecientes, en este caso, al "excelentísimo" Don Fray Pedro de Carranza, obispo del Río de la Plata. El religioso viaja en compañía con otros curas: su secretario, un maestro de ceremonia y "beneficiados" de la catedral de Buenos Aires. En las carretas transportan bártulos personales, "cosas del servicio", y 19 esclavos con sus respectivas marcas y licencias, de los cuales 13 son propiedad del obispo y el resto pertenecen a sus acompañantes.[111] Los viajeros llevan también algunas mercaderías necesarias para su sustento, tales como 30 botijas de aceite, 1 barrisillo vino, 2 petacas de azúcar y "otras cosas" que declaran estar contenidas en la licencia de los oficiales reales del puerto de Buenos Aires. Luego de la visita, los oficiales de la aduana no hallan elementos de contrabando y otorgan el pase a los religiosos que deben presentarse ante los oficiales reales de la ciudad de Córdoba.[112]

Los padres de la Compañía de Jesús participan como cualquier otro sector en la compra-venta de esclavos y mercaderías en la ciudad de Córdoba.[113] Sus empresas no se circunscriben a la ciudad, en varias ocasiones encontramos al padre provincial de la Compañía dando poder general a algún religioso de la Compañía para cobrar, comprar o vender esclavos y mercaderías. En 1623 el Padre Marcial de Lorenzana, rector del Colegio de la Compañía, da poder al hermano

---

[109] A.H.P.C. Reg. 1, tomo 37, fol. 205v-207r, del 25/8/1621.

[110] A.H.P.C. Esc. 1, leg 57, exp. 14, año 1628.

[111] Debemos destacar que los esclavos vienen en su mayoría con más de una marca a fuego hecha en el cuerpo. Por ejemplo, el caso extremo es el del negro Joan que tiene 5 marcas claramente visibles, y otras que, por estar confusas, no pueden ser anotadas en el registro que realizan los oficiales reales.

[112] A.H.P.C. Esc. 1, Leg. 60, exp. 6, año 1628.

[113] A modo de ejemplo, el padre Juan de Viana, rector del colegio de la Compañía en la ciudad, compra en tres transacciones 3 piezas de esclavos en el año 1621 (A.H.P.C. Reg. 1, tomo 37, fol. 254r-255v, del 2/11/1621, fol. 273v-274r, del 6/12/1621, y fol. 250r-251v, del 8/11/1621).

Francisco de Ojeda, que en pocos días parte hacia las provincias del Perú, para que en nombre de la Compañía pueda pedir, demandar, recibir y cobrar de cualquier persona pesos de oro y plata, reales, joyas, esclavos, ganados y otras cosas. El poder también incluye la posibilidad de vender bienes que pertenezcan al colegio, tanto esclavos como muías y otras especies al contado o fiado por el precio que le parezca, y con lo procedido de ello compre cosas necesarias para el colegio.[114]

Encontramos también religiosos que ofician como intermediarios en nombre de otras personas. Por ejemplo, el padre López de Mendoza, procurador de la Compañía, está a punto de viajar hacia el Perú; aprovechando su viaje el licenciado Luis del Peso le da poder para que cobre a Juan de Sileo el producto de tres negros que éste se llevó para vender. Unos años más tarde y por las mismas razones Diego Fernández Salguero, vecino de Córdoba, da poder al hermano Francisco de Ojeda, religioso de la Compañía, para cobrar lo procedido de nueve piezas de esclavos que vendió en Potosí.[115] Otro religioso, como el padre Fray Alonso Bique de la orden de San Francisco, recibe poder del Capitán Pedro Arballo de Bustamante para comprar en el puerto de Buenos Aires esclavos y mercaderías por 1000 pesos.[116]

El licenciado Francisco de Trejo, comisario del Santo Oficio del Paraguay, aprovecha sus vinculaciones eclesiásticas en el ámbito mercantil. Sus negocios lo traen a la ciudad en agosto de 1612 para realizar ventas de esclavos traídos del puerto de Buenos Aires. Vende cinco piezas de esclavos en tres transacciones y pacta el pago de las mismas a plazo. Cuatro años más tarde, vende nuevamente en la misma plaza seis esclavos en 1875 pesos, aunque esta vez pacta el pago al contado. El licenciado se conecta con vecinos de Córdoba y Chile, con los cuales establece interesantes redes comerciales. Trejo entrega a Jaramillo, vecino de Chile, seis piezas de esclavos y cierta cantidad de lienzo de algodón para que se las venda del otro lado de la cordillera, por valor de 2027 pesos. Más tarde Jaramillo le envía con Diego López de Lisboa una cierta cantidad de objetos de plata (limetas, jarras, cadenas, tasas, cubiletes, tintero, cazuelas, saleros y fuentes) y una escritura contra Francisco Vázquez por 774 pesos. La entrega resulta complicada, pues Jaramillo le advierte que Trejo se puede encontrar en la ciudad Buenos Aires, en Santa Fe, o en la provincia del Paraguay. Esta advertencia nos muestra la movilidad del religioso en sus actividades comerciales. Su oficio de inquisidor seguramente lo lleva a desplazarse de un lugar a otro, lo que aprovecha para anudar tratos mercantiles.[117]

[114] A.H.P.C. Reg. 1, tomo 39, fol. 197v-198v, del 21/8/1623.

[115] A.H.P.C. Reg. 1, tomo 28, fol. 40v-41v, del 22/4/1615; reg. 1, tomo 50, fol. 364r-365r, del 21/7/1639.

[116] A.H.P.C. Reg. 1. tomo 42, fol. 136v-137v, del 19/4/1627.

[117] A.H.P.C. Reg. 1, tomo 25, fol. 101v-102v, del 3/8/1612, fol. 105r-108r, del 368/1612, fol 108r-11 Ov, del 5/8/1612, reg. 1. tomo 30, fol. 169r-l70v, del 16/7/1616, fol. 171r-172v, del 28/7/1616, y fol. 37v-40v, del 20/2/1616.

Los religiosos pueden acceder a los esclavos a través de donaciones que les efectúan vecinos de la jurisdicción. Las razones que motivan estos donativos son variadas según indican los vecinos de Córdoba: por devoción al convento, por hacer causas pías, como parte de dote de algún postulante, o para ayudar a la fundación de algún convento. Pedro Palomeo, vecino de Córdoba, dona un esclavo negro al convento de Nuestra Señora de las Mercedes por "haber recibo buenas obras y por devoción al convento". En otro caso, el capitán Manuel Gómez dona un esclavo por "servicio de Dios y devoción que tiene a la religión del Señor de San Francisco y por hacer bien a Manuel negro esclavo que al presente está en el convento con hábito de donado y por otras causas pías que a ello lo mueven"; el donante fija como condición que el negro Manuel sea dado al servicio del padre Alonso de Bique.[118]

Duarte Juan y Antonia de Quevedo su mujer, vecinos de la ciudad de Córdoba, ayudan a conformar la dote de Antonia del Espíritu Santo, quien no puede recibir la profesión de monja de velo por ser "huérfana y pobre". Para ello donan al monasterio de Santa Catalina de Sena 1200 pesos, 900 en reales y 300 en una mulata criolla. Las monjas aceptan la donación y Antonia puede profesar sus votos.[119] Del mismo modo, el vecino Luis de Tejeda y Guzmán, para contribuir con la fundación del monasterio de Santa Teresa de esta ciudad, dona siete esclavos negros de propiedad de su padre Juan de Tejeda y siete esclavos más provenientes de los bienes de sus abuelos maternos Don Pablo de Guzmán y Doña Magdalena de la Vega.[120] No solamente los vecinos de Córdoba realizan donativos a los religiosos de la ciudad. Por ejemplo, el gobernador don Luis de Quiñones antes de morir dona esclavos y otras cosas a la Compañía de Jesús; el padre Gabriel Perlin, religioso de la orden, viajará a la ciudad de Todos los Santos de la Nueva Rioja para cobrar el donativo.[121]

2.3 Obtención de ganancias

La participación de los distintos grupos sociales del distrito en el comercio de esclavos se explica por las buenas ganancias que genera. Los beneficios obtenidos de las inversiones realizadas en el rubro permiten que algunos sectores logren una cierta acumulación de capitales, los que pueden reinvertirse o transferirse dentro del circuito mercantil.

Para conocer las ganancias que genera el tráfico de esclavos, es necesario conocer los precios habituales en los puntos más importantes de la larga ruta; es decir, desde su lugar de origen en la costa del África hasta su destino final en

---

[118] A.H.P.C. Reg. 1, tomo 37, fol.109r-110v, del 11/11/1621; reg. 1, tomo 49, fol. 306v-307v, del 17/1/1637..

[119] A.H.P.C. Reg. 1, tomo 45, fol. 317r-319r, del 6/4/1630

[120] A.H.P.C. Reg. 1, tomo 48, fol. 110r-117r, del 25/6/1633.

[121] A.H.P.C. Reg. 1, tomo 40, fol. 4r-5r, del 20/2/1624.

Potosí o en Chile. En la medida en que los precios no sufren grandes variaciones en el período que estudiamos, utilizamos documentos de distintos años para obtener esos datos. El costo de los esclavos en Angola, lo obtenemos de un pleito del año 1603, en el que se indica que Diego Núñez de Santaren compra en esas costas 170 esclavos con 9447 pesos. Por lo tanto, el precio de cada pieza es de alrededor de 55 pesos.[122]

A partir de 1613, algunas cartas de compraventa asentadas ante los escribanos de Córdoba incluyen traslados de despachos de los remates que se realizan en el puerto de Buenos Aires. Esto nos permite estimar que el precio promedio de un esclavo obtenido mediante remate oscila entre 98 y 106 pesos, salvo en dos ocasiones en que su precio alcanza la suma de 201 y 250 pesos. Un ejemplo representativo de las altas ganancias posibles por la participación en la trata es la compañía que Gonzalo Ferreira, vecino de Mendoza y fuerte comerciante de negros en Chile, realiza en Córdoba con el vecino Lázaro de Matos Silveyra para comprar esclavos en Buenos Aires. Para esto cada uno aporta 6000 pesos; Matos venderá los negros en el reino de Chile y los gastos y ganancias se considerarán por partes iguales.[123]

Teniendo en cuenta este último ejemplo, podemos calcular las ganancias obtenidas en 1619, año en que se pacta esta compañía. Por entonces un esclavo rematado en Buenos Aires vale 102 pesos de plata aproximadamente; de allí que con los 12 000 pesos de ambos socios podrían comprar 118 piezas de esclavos. Su mantenimiento durante el viaje a Chile (5 meses), cuesta 10 pesos de plata por cabeza;[124] suponiendo que se vendan en Chile a un precio que puede oscilar entre 250 y 300 pesos oro,[125] las ganancias de este comercio a larga distancia podrían llegar a un 400 % del capital invertido.

En el año 1615 Rafael Pérez de Freytes compra en remate 5 piezas de esclavos recién venidos de Angola, a 102 pesos cada uno.[126] Un año antes, Francisco Núñez compró en iguales condiciones, 110 negros a 201 pesos cada uno.[127] Esos mismos esclavos son vendidos en Córdoba por precios que varían entre 300 y 400 pesos. Una de las esclavas compradas por Freytes a 102 pesos llamada Gracia, es vendida a Antonio Suarez Mejía un mes y medio después a 315 pesos. Así también Francisco Núñez vende el negro Antonio, de 20 años, por 370 pesos.[128]

---

[122] A.H.P.C. Reg 1, tomo 13, fol. 162v-165v, del 11/7/1600.

[123] A.H.P.C. Reg 1. tomo 34, 236v- 241v, del 11/10/1619.

[124] A.H.P.C. Reg. 1, tomo 24, fol. 186r-189r, del 9/9/1619.

[125] A.H.P.C. Esc. 1, leg. 10, exp. 4, año 1600.

[126] Según Mellafe (1984b, p. 204), en el año 1615, 425 pesos de plata equivalen a 265 pesos oro.

[127] A.H.P.C. Reg. 1, tomo 29, fol. 33v-36v, del 8/5/1615; el despacho incluido tiene fecha 24/3/1615.

[128] A.H.P.C. Reg. 1, tomo 29, fol. 10r-12r, del 16/3/1615; el despacho incluido tiene fecha 8/4/1614.

El finiquito de una compañía en 1618, creada en Buenos Aires tres años antes, nos permite estimar los precios en Chile o Perú. Pedro García Arredondo y Luis de Navarrete, ambos vecinos de Córdoba, compran 56 piezas de esclavos despachados por los oficiales reales del puerto de Buenos Aires, pagando 250 pesos en reales al contado por cada uno de ellos. En la reventa, esos precios se elevan a 445 pesos. Al dar por finiquitada la compañía, restando los costos del viaje, ambos socios se pueden repartir un total de 23 155 pesos.[129]

Además, buena parte del interés en el comercio de esclavos se explica también porque éste es el único rubro que garantiza el acceso al monetario, escaso en la región; el pago de las piezas de esclavos se realiza principalmente en moneda metálica y al contado. Las reventas de esclavos, aún en el interior de la ruta que conduce al Potosí, son una manera de acceso al metálico. Dentro del distrito de Córdoba, el negocio consiste en comprar un esclavo a plazo y al poco tiempo revenderlo a contado y en metálico. Rodrigo de Narváez compra a Lázaro de Matos, en mayo de 1622 un esclavo a 430 pesos a pagar en un plazo de un año. A los tres meses de ocurrida esta transacción, revende la misma pieza a Juan Martínez Jiménez por 480 pesos al contado.[130]

La importancia del pago en metálico es tal que Francisco Mejía y Alonso Nieto revenden una negra comprada por 370 pesos a pagar en dos años, por un precio menor.[131] La ganancia consiste en que su reventa les permite obtener dinero metálico y al contado, que se vuelve a reinvertir en el circuito mercantil, ya sea en la compra de nuevas piezas de esclavos, o bien en la compra de productos regionales o de importación.

Otro caso de reventa es la que realiza el religioso Miguel Jerónimo de Porras quien compra cinco esclavos y una cría a 600 pesos en total. El bajo precio se justifica porque los negros están muy enfermos y con bubas; sin embargo, esto no impide que el religioso los venda un mes después a 1500 pesos, sin mencionar enfermedad alguna. Suponiendo que en este lapso los ha cuidado y curado, Porras obtiene muy buenas ganancias.[132]

Para los vecinos encomenderos la trata se presenta como un negocio altamente redituable. No sólo por las diferencias de precios que se observan en los diferentes puntos de la ruta y la obtención de metálico en los pagos, sino también porque sus compras en el punto de origen, es decir, en las costas de Angola, y hasta en Buenos Aires, puede hacerse mediante el pago con otras mercaderías provenientes de sus encomiendas.

[129] A.H.P.C. Reg. 1, tomo 31, fol. 215v-217v, del 27/1/1618.

[130] A.H.P.C. Reg. 1, tomo 38, fol. 159v-161v, del 11/5/1622 y fol. 205r-207r, del 1/8/1622.

[131] A.H.P.C. Reg. 1, tomo 25, fol 101v-102v, del 13/8/1612 y fol. 178v-179v, del 8/8/1612.

[132] A.H.P.C. Reg. 1. tomo 8, fol. 303v-304v, del 9/9/1596 y fol. 328r-329i, del 6/10/1596.

En 1603 el vecino Pedro de Chaves trae de Angola una partida de negros que paga con dos sobrecamas de guanaco, un "terciado de munesco" y 20 hanegas de harina de trigo.[133]

Es indudable que en el distrito el grupo más beneficiado en la trata es el de los vecinos encomenderos. Poseedores de productos provenientes de sus encomiendas, y de medios para transportarlos, acceden con facilidad a los circuitos mercantiles de corta y larga distancia. No es de extrañar entonces que en algunos casos los vecinos compren sus propios barcos para hacer el viaje a Angola en busca de esclavos, como Lope Vázquez Pestaña, Pedro García Redondo y Luis de Abreu.[134] La compañía fundada por los vecinos Luis de Abreu y Pantaleón Marques Correa nos ejemplifica los márgenes de ganancia, la forma en que puede reinvertirse en el circuito y las transferencias de capitales a otros rubros comerciales. Estos vecinos de Córdoba se asocian en 1602 para comprar negros en Angola, bajo la licencia del asiento de Pedro Gómez Reynel. Por un pleito sustanciado entre sus herederos en 1620 conocemos el finiquito de la compañía que ambos habían formado unos años atrás. Sus herederos se reparten las ganancias de los negocios surgidos a partir de la formación de la compañía de la siguiente manera: de 38 775 de bienes líquidos, les corresponden 15 491 pesos a los herederos de Abreu y 23 244 pesos a los de Marques Correa. Por el testamento de Pantaleón conocemos que con el producto de la venta de los esclavos en Lima compran ropa. Una parte la traen a Córdoba para vender en su tienda y otra la envían a Angola donde sirve para pagar un nuevo lote de esclavos que el capitán portugués Vento Barbosa, residente del Brasil, debe traer a estas tierras para su comercialización.[135]

Además de las razones antes mencionadas, la compra de un esclavo es una buena inversión porque permite el acceso a la mano de obra. Esta puede ser utilizada en tareas urbanas o rurales, para el alquiler a terceros por cierto tiempo, o para gozar simplemente del prestigio que implica su posesión. Este tema será abordado con mayores detalles en el siguiente capítulo.

---

[133] A.H.P.C. Esc. 1, leg. 15, exp. 5, año 1604.

[134] Lope Vázquez Pestaña es dueño del navío San Francisco cuando organiza la expedición del obispo Vitoria en 1588 (Molina 1966, p. 56). Pedro García Redondo otorga poder a Juan de Figueroa Alarcon para cobrar pleitos y para que le compre un navío para viajar a Angola (A.H.P.C. Reg. 1, tomo 18, fol. 432v-433v, del 5/2/1605). Luis de Abreu aparece a partir de 1602 como propietario de un navío que recorre la ruta desde Buenos Aires al Brasil en el que envía harinas, bizcochos y cecinas y trae de regreso piezas de esclavos (Piana, 1992, p. 214).

[135] A.H.P.C. Reg. 1, tomo 35, fol. 190r-237r, de febrero de 1620; y el testamento en reg. 1, tomo 25, fol. 207v-227r, del 13/10/1613.

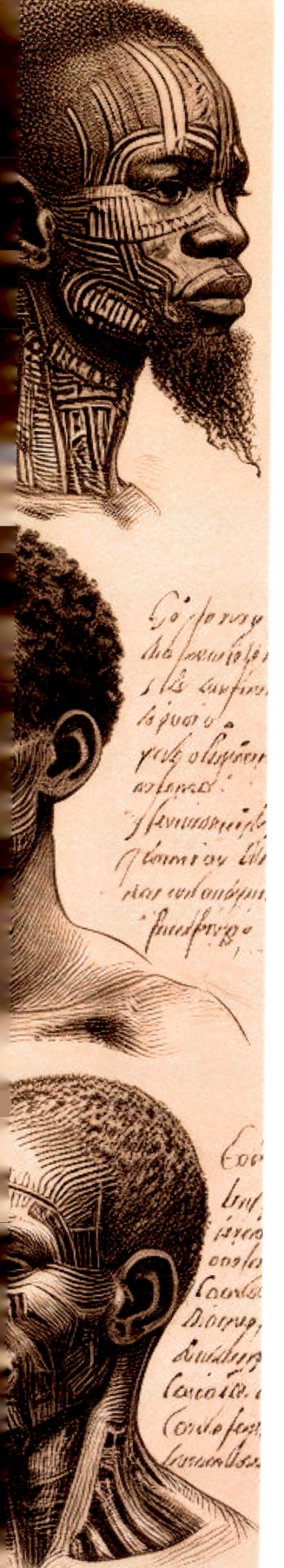

3
Marcas de la esclavitud

Sobre los esclavos que llegan a la jurisdicción de Córdoba poseemos la información que nos proporcionan las actas notariales donde se asienta su venta. En esos documentos, el propietario aclara algunos datos de los esclavos: origen o procedencia, nombre, y en algunos casos apellido, sexo, edad, tachas y marcas. Desde el punto de vista mercantil y para los involucrados en la transacción del momento, la descripción de estas características sirve de justificativo para pedir un mayor o menor precio. A nivel humano, las marcas permiten trazar una ruta por puertos y ciudades donde fueron revendidos. Permite, al menos tangencialmente, comprender el dolor de lo que significa el ser marcado como un bien.

3.1 Origen étnico

Determinar el origen étnico de los esclavos que llegan a la jurisdicción de Córdoba es una tarea complicada. El primer problema lo encontramos al intentar diferenciar en la información documental la procedencia geográfica del origen étnico de los esclavos.[136]

Mellafe observa que "en la práctica los vendedores y revendedores de esclavos suelen confundir los lugares de donde los negros son

---

[136] Abercrombie (1991, pp. 197-198) señala que el concepto de etnicidad carece de precisión teórica y vacila al borde de abismos brumosos y expresa que el término aparece en los análisis y textos de los años setenta para referirse a lo que anteriormente está comprendido bajo la denominación "cultura", "tribal".

oriundos con los de embarque y depósito.[137] Por su parte, Klein agrega que la mayoría de los europeos desconoce las características de las sociedades africanas con las que comercian, por lo cual señalan el origen de los africanos según el puerto de procedencia y no tienen en cuenta los rasgos propios de cada grupo o nación.[138]

Las escrituras que se labran ante los escribanos de Córdoba no escapan a estas imprecisiones; no falta aquí el acta notarial que indica la venta de "esclavos de nación Angola recién venidos de Guinea"; también encontramos casos de negros "Angola recién venidos de Angola"; aunque es de notar que no hemos encontrado esclavos "Guineas recién venidos de Angola".[139]

Por las referencias de Bowser sabemos que durante parte del siglo XVI y XVII la mayor parte de los esclavos africanos que llegan a América proceden de la costa occidental del África, principalmente de la región situada entre los ríos Níger y Senegal, conocida en la época como "Guinea". La Corona española incentiva el envío de esclavos de Guinea a sus colonias, respondiendo a la preferencia de la demanda americana. Para ello concierta con los asentistas portugueses el cobro de un impuesto menor por cada venta de esclavos, si estos proceden de Guinea.

Sin embargo, existen otras zonas de procedencia: los pueblos de Benín, Biafra, Congo y Angola en el África central. A fines del siglo XVI el monopolio portugués sobre Guinea es amenazado por la competencia de ingleses, franceses y holandeses; esto motiva que los mercaderes portugueses se desplacen hacia el sur de la costa occidental africana en busca de mejores precios. En esos momentos, Portugal coloniza Angola, zona ubicada aproximadamente entre los ríos Dande y Longa, región que se convierte en el principal centro exportador de esclavos hacia las colonias americanas.[140]

En nuestro caso, los datos suministrados por los registros notariales de Córdoba indican que el principal origen de los esclavos que llegan al distrito se encuentra en Angola, con 664 piezas (54 %), siguiéndole en importancia Guinea, con 225 piezas (19 %) (Anexo D). La elevada proporción de esclavos que no indican su origen o procedencia africana, 236 piezas (20 %), puede deberse a diversas razones: descuido del propietario o del notario que registra la transacción, u

---

[137] Mellafe (1984b, p. 53.

[138] Klein, 1993, p. 23.

[139] De esclavos Angolas recién venidos de Guinea registramos 11 casos durante todo nuestro período. A modo de ejemplo, en 1612 Francisco Mejía y Alonso Nieto venden a María, negra Angola de 15 años, como bozal recién venida de Guinea (A.H.P.C. Reg. 1, tomo 25, fol. 178v-179v, del 8/8/1612). De esclavos registrados como Angolas recién venidos de Angola contabilizamos 7 ejemplos, como el caso de Antonio, negro Angola vendido por su dueño, Pablo de Guzmán, por ser esclavo bozal recién venido de Angola (A.H.P.C. Reg. 1, tomo 29, fol 22v-24v, del 22/4/1615). Aunque no podemos establecer regularidades en las apariciones de los casos, ambas designaciones se registran solamente a partir del año 1612 y hasta 1620 aproximadamente.

[140] Bowser, 1977, pp. 62-64.

olvido intencional si el esclavo es de alguna casta que tiene prohibida la entrada en las Indias.[141] En el grupo denominado como "otros" encontramos: 35 piezas de "criollos"[142], 22 indios del Brasil[143]," y piezas excepcionales por su origen como tres esclavos criollos del Brasil, dos indios —uno chiriguano y otro mexicano—, un esclavo originario del Japón, uno procedente de Benín, dos del Congo y uno de "Zape de los ríos"[144] (Gráfico 10).

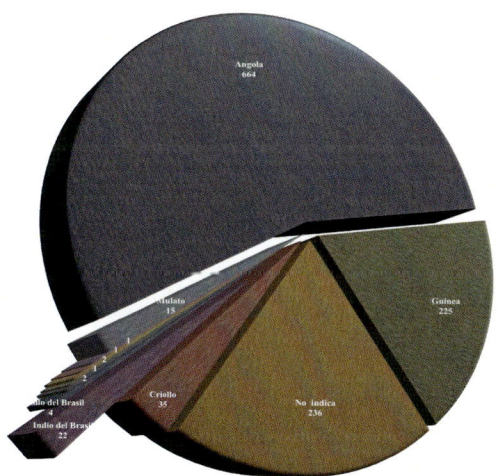

Gráfico 10. Origen de los esclavos entre 1588-1640.
Fuente: elaboración propia según registros notariales del A.H.P.C.

Algunos esclavos llegados a la jurisdicción son vendidos como Angolas; pero por sus apellidos se puede discriminar el grupo étnico al cual pertenecen. Tales son los casos de Miguel y Manuel Congo y Pedro Jolofo (grupos bakongo y wolof respectivamente); de igual manera también es posible reconocer por el apellido el lugar de procedencia como el de Mateo Coanza, Juan Benguela, Francisco y Agustín Malemba[145] (Mapas 1 y 2).

---

[141] Mellafe (1984b, pp. 198-199. El autor no explica cuáles son estas castas prohibidas para las Indias; a partir de la información de los pleitos consultados encontramos negros "desorejados", mencionados como prohibidos.

[142] Esclavos nacidos en el distrito de Córdoba o en otras jurisdicciones cercana, que comienzan a dibujarse a partir de 1618, y junto a los mulatos muestran el crecimiento vegetativo de los esclavos del distrito.

[143] Los indios del Brasil aparecen como esclavos en los registros notariales de Córdoba hasta 1602.

[144] A.H.P.C. Reg. 1. tomo 49, fol. 238v-239r, del 23/11/1634. Según mapa de la época "Zape de los Ríos" se encuentra en la actual costa de Sierra Leona.

[145] A.H.P.C. Reg. 1. tomo 14, fol. 100v-101v, del 19/3/1601; reg. 1, tomo 35. fol. 298r-299v, del 27/5/1620). Para localizar su procedencia y grupo étnico, hemos contrastado esos apellidos con mapas de la época (numerados en el trabajo como mapas 1 y 2) y con el cuadro sobre nombres étnicos africanos presentado por Bowser (1977, p. 418).

Mapa 1. Reproducción fotográfica del mapa de Ortelius, Africae Tabvla Nova, 1570.
Fuente: Original en la Biblioteque Royale Albert I, Bruxelle, Bélgica. Gentileza de Pierre Vari Der Vaeren.

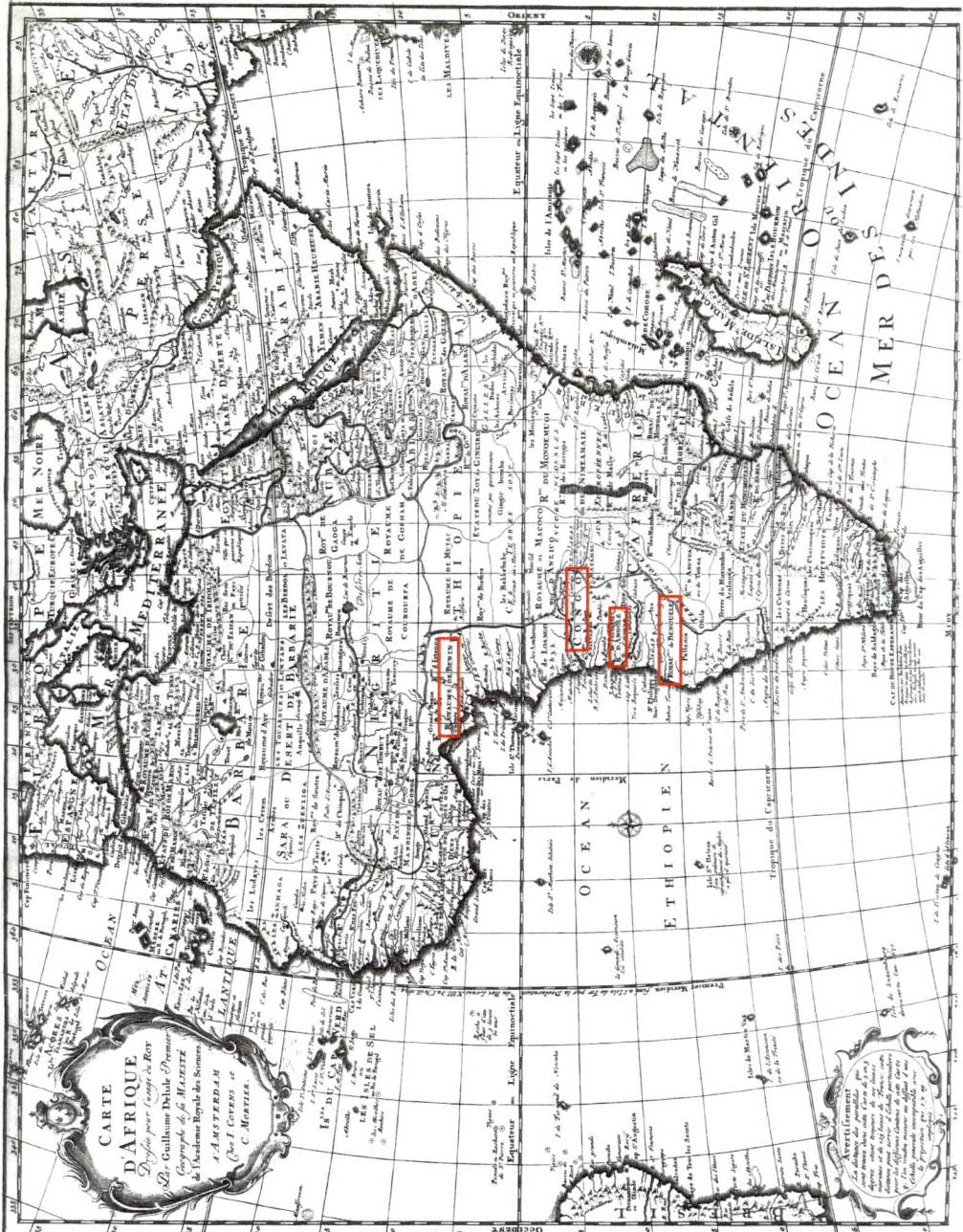

Mapa 2. Reproducción fotográfica del mapa de Delisle, Carte d'Afrique, 1740 .
Fuente: Original en la Biblioteque Royale Albert I, Bruxelle, Bélgica. Gentileza de Pierre Vari Der Vaeren.

Debemos señalar que no todos los esclavos tienen apellidos, la mayoría pasan por la vida con nada más que un nombre cristiano como María, Antón, Francisco, etc. Esos nombres normalmente les son puestos el día antes del embarque en el África, donde son bautizados en grupo, en un ritual que consiste en colocarles un poco de sal en la lengua.[146]

Agreguemos que los esclavos pueden ser bautizados en varias ocasiones, para asegurar que efectivamente hayan recibido el sacramento. Por otra parte, los dueños suelen cambiar los nombres de sus esclavos, para evitar confusiones con otras piezas de su propiedad o con sus propios nombres. Junto a los nombres, a veces aparecen otras denominaciones que muestran algunas de las características de las piezas: "muleque", para el muchacho que no supera los 14 o 15 años de edad; "ladino", para el nacido en África, pero que ya ha adoptado algunas costumbres europeas, especialmente la lengua española; y "bozal", para el recién llegado del África.[147] El análisis de estas denominaciones lo abordaremos en capítulos siguientes.

3.2 Tachas y marcas

Las tachas son defectos físicos o morales del esclavo. En caso de existir, son declarados obligatoriamente por el vendedor en el momento de labrar el acta de venta ante el notario; con lo que el comprador acepta estar enterado de las tachas. Sin embargo, si el nuevo propietario descubre dentro de un plazo de seis meses, que el esclavo recientemente adquirido posee alguna tacha que le han ocultado, puede reclamar judicialmente la "redhibición", es decir, la devolución del dinero que ha pagado por la pieza. Habitualmente el vendedor, para ahorrarse futuros problemas con el comprador, advierte en la carta de venta que el esclavo es "alma en boca y huesos en costal";[148] y garantiza que el esclavo "está sujeto a servidumbre, habido de buena guerra y no de paz, y con todas sus tachas, vicios, defectos y enfermedades públicas y secretas que al presente tiene o tuviere".

En las actas de venta de esclavos labradas en el distrito de Córdoba los propietarios declaran las "tachas" físicas y morales de sus esclavos (Tabla 1). Entre 1588 y 1640, de las 1208 piezas de esclavos vendidos en el mercado de Córdoba, 80 padecen enfermedades y mutilaciones, y 59 son tachados moralmente por su comportamiento. Entre las tachas físicas, el defecto más importante son las enfermedades generales sin especificar, le siguen los "flacos", los enfermos de bubas y calenturas; no faltan los esclavos desdentados, tuertos, cojos, mutilados, asmáticos y con "llagas en las vergüenzas". Son también comunes los esclavos

---

[146] Mauro, 1989, p. 228.

[147] A.H.P.C. Esc. 1, Leg. 57, exp. 13, año 1621-1625 y leg. 60, exp. 14, año 1628.

[148] Mellafe (1984b, pp. 201-202.

68

enfermos de sarampión, "tabardillo" y viruela, pestes que asolan a la ciudad en algunos años. Por ejemplo, en 1621 los cabildantes de Córdoba piden que no entren en la ciudad ni negros ni ropas procedentes de Buenos Aires porque hay una epidemia en la ciudad, y mandan que los negros enfermos sean apartados para su cura, y llevados al pie de la barranca colorada de la ciudad.[149] En 1631 una nueva peste de viruela "picaba a los negros de los obrajes que están fuera de la ciudad".[150]

Tabla 1. Tachas físicas de los esclavos entre 1588-1640.

Enfermedades sin especificar	29
Enfermedades de recién parida	4
Dolientes de cámaras	3
Calenturas	7
Gota	1
Llagas en las vergüenzas	1
Llagas	1
Asma	1
Cojo; mutilados	1
Bubas	7
Pierna hinchada	2
Viruela y sarampión	3
Enfermo de cuadris	1
Flacos	12
Tuertos	3
Nube en el ojo	1
Locos	2
Tontos	1
Oreja cortada	1
Faltos de dientes	3

Fuente: elaboración propia según registros notariales del A.H.P.C.

Los esclavos enfermos no son abandonados por sus dueños. Rodrigo Hidalgo, vecino del Potosí, compra en Córdoba una negra llamada Ana que se encuentra "media enferma" y la deja encargada a Doña Tomasina de la Mota para que la cure, porque corre riesgo de muerte si es llevada en el viaje hasta el Alto Perú.[151]

[149] Acta Capitular de 8/6/1621 (A.M. VI, pp. 209-218).

[150] Décimotercera Carta Anua del padre provincial Francisco Vázquez Trujillo 1628-1631 (citada en: Segreti, 1973, p. 87).

[151] A.H.P.C. Esc 1. leg. 68, exp.1, año 1632-34.

Los propietarios no pueden dejar morir a sus costosos esclavos sin requerir atención médica.[152] Por ejemplo, en 1598, Pedro Sánchez de Valenzuela se niega a pagar los honorarios del cirujano Alonso Telles de Rojas, porque lo responsabiliza de la muerte de cinco negros de su propiedad; Telles asegura que los esclavos enfermos han muerto porque Valenzuela no les dio de comer, ni los vistió y los hizo dormir en el piso. Valenzuela dice en su defensa que sus esclavos "...estaban en aposentos abrigados y con mucha paja para camas y cantidad de leña para fuego, bien vestidos y con mantas, pellejos de nutria para cubrirse los enfermos, y abundancia de comida y que siempre se les dio a los enfermos lo que el dicho Alonso Telles mandó...". Aunque no conocemos el final del litigio, sabemos por el testimonio del vicario de la ciudad que entre julio y septiembre se le mueren a Valenzuela de 16 esclavos, enfermos de una pestilencia general.[153]

Los esclavos también son "tachados" moralmente por rasgos de su conducta (Tabla 2); en estas caracterizaciones, los "borrachos, ladrones y huidores" parecen ser los más numerosos. Tengamos en cuenta que muchos vendedores tachan así a sus esclavos con la intención de prevenir futuros reclamos de devolución; con el mismo sentido utilizan la fórmula de "costal de huesos y alma en boca". Ambos calificativos expresan las condiciones extremas, tanto físicas como morales, en que se puede encontrar a un esclavo, aunque en el momento de la venta éste goce de buena salud y excelente conducta. Sin duda existen casos en que las tachas indican realmente un defecto de comportamiento del esclavo, como el de Juan García, esclavo criollo de México de 27 años, vendido en 1606 por "borracho, ladrón, incorregible, soberbio". Un año más tarde nuevamente cambia de propietario y su anterior dueño agrega a la tacha antes mencionada la de ser "cambalachero".[154]

Tabla 2. Tachas morales de los esclavos entre 1588-1640.

Borracho, ladrón y huidor	46
Borracho y cimarrón	1
Borracho, ladrón, soberbio incorregible y cambalachero	1
Borracha, cimarrona, enferma y no pacificada	1
Borracho y ladrón	3
Huidor y cimarrón	1
Huido al presente	3

Fuente: elaboración propia según registros notariales del A.H.P.C.

Los esclavos poseen también marcas, señales que los identifican y diferencian, llamadas en otras regiones "carimbas", cuyo objeto es indicar la entrada legal al

---

[152] Bowser, 1977, p. 287.

[153] A.H.P.C. Esc 1. leg. 7, exp. 1, año 1598.

[154] A.H.P.C. Reg. 1, tomo 19, fol. 193v-195v, del 11/9/1606 y fol. 327v-329v, del 28/4/1607.

puerto[155] (Tabla 3). Los pleitos asentados en Córdoba señalan que estas marcas "...
se hacen en las carnes con fuego..." generalmente en el rostro, brazos y pecho; y
son puestas "...por quienes compran partidas de esclavos en el reino de Angola y
los enmarcan para su contratación..."[156]

Tabla 3. Marcas o "carimbas" entre 1588-1640.

Herrados en el cuerpo (sin especificar)	15
Herrados en el pescuezo	
Herrados en el pecho	27
Herrados en el brazo	16
Herrados en la cara	11

Fuente: elaboración propia según registros notariales del A.H.P.C.

Durante el siglo XVI las escrituras notariales de Córdoba registran en sus
documentos esclavos con marcas, que desaparecen a principios del siglo XVII
para reaparecer nuevamente a partir de 1622, cuando se acentúan las medidas
de control sobre el contrabando. La mayoría de los negros que son visitados
por los oficiales reales de la aduana de Córdoba tienen una o varias marcas. Las
mismas pueden indicar distintos cambios de propiedad; o un fraude por parte de
su dueño, quien intenta hacer pasar un esclavo con las marcas de otro muerto,
para blanquear su entrada de contrabando.

Los jueces oficiales de la Real Aduana de Córdoba sustancian pleitos por
despachos supuestos de esclavos. Cuando no coinciden las marcas de las piezas
con las de sus despachos, se procede a interrogar a los negros sobre el lugar
donde se les han colocado las carimbas. De esta manera, Franca, negra ladina del
Brasil, declara que al llegar a Buenos Aires fue llamada Gracia; y cuando su nuevo
dueño Pedro de Rojas quiso venderla, mandó a un criado para que le pusiese
cuatro marcas.[157]

En otro pleito seguido por los jueces oficiales contra Cristóbal Sánchez por
despachos supuestos, declaran algunos esclavos. Pedro dice que hace un año y
medio que llegó al puerto de Buenos Aires desde Pernambuco, y que las marcas
que tiene se las pusieron cuando era chico en Angola. Francisco declara que hace
mucho tiempo que llegó al puerto y que la marca que tiene se la hicieron en
Pernambuco. En cambio, Juan informa que hace mucho que llegó al puerto desde
Cabo Verde y que las marcas que tiene se las hicieron en Buenos Aires. A su vez
el dueño argumenta que las marcas tienen los negros suelen tornarse confusas,

---

[155] Mellafe, 1984a, p. 57.

[156] A.H.P.C. Esc. 1, leg. 57, exp. 13, año 1621-1625.

[157] A.H.P.C. Esc. 1, leg. 60, exp. 5, año 1627.

porque se las hacen de niños y al ir creciendo se van gastando; además, "por sebarles con mucho o poco fuego se llagaban quedando oscuras y casi borradas".[158]

Se encuentran diferentes tipos de marcas con las que se señalan a los esclavos (Ilustración 1); la cantidad de marcas puede variar en cada pieza y esto está indicado en el Anexo E, así como los nombres de las personas a las que correspondían dichas quemaduras hechas a hierro y fuego.

Ilustración 1. Marcas de esclavos registradas entre 1588-1640.
Fuente: elaboración propia según pleitos judiciales del A.H.P.C.

---

[158] A.H.P.C. Esc. 1, leg 60, exp 14, año 1628.

3.3 Sexo y edad

En la plaza de Córdoba se venden más esclavos de sexo masculino que femenino. De la observación del Gráfico 11, surge que de la cantidad total de esclavos 657 piezas son hombres (54 %), 474 son mujeres (39 %) y 77 no indican sexo (6 %) (Anexo F). Considerando el Gráfico 12 se observa que esta proporción se mantiene a lo largo de casi todo el período, exceptuando 1616, 1621, 1624 y 1638 en que el número de mujeres supera al de hombres.

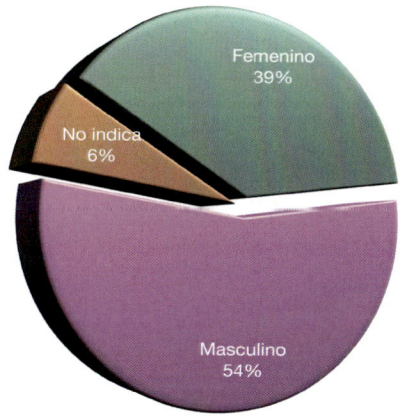

Gráfico 11. Porcentaje de esclavos según sexo entre 1588-1640.
Fuente: elaboración propia según registros notariales del A.H.P.C.

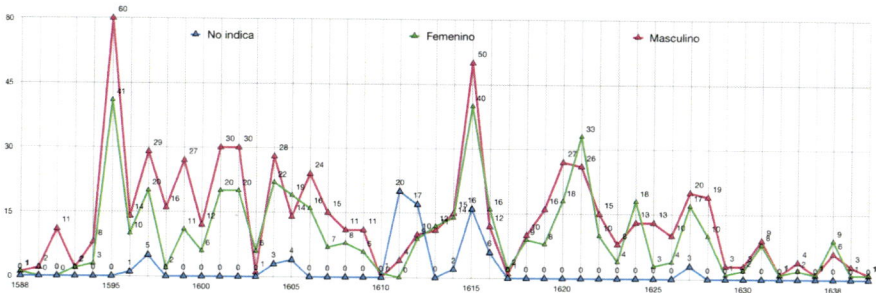

Gráfico 12. Evolución de cantidades de esclavos según sexo entre 1588-1640.
Fuente: elaboración propia según registros notariales del A.H.P.C.

Según Klein, la corriente de esclavos africanos que llega a la América colonial es, desde sus inicios, predominantemente masculina, representando ese sexo dos tercios de la población esclava que cruza el Atlántico. Esta desproporción proviene de la escasa oferta de mujeres en sus lugares de origen debido a su importancia social como portadora y reproductora del estatus familiar y de la línea de parentesco; además de ser requerida como mano de obra para el trabajo agrícola.[159] Por su parte, Bowser agrega un factor de importancia para entender esa desproporción: la alta tasa de morbilidad y mortalidad que afecta a las mujeres africanas, genera la llegada a América de cargamentos con mayor cantidad de hombres que de mujeres.[160]

Si bien Córdoba no es ajena a esta generalización, tal como hemos observado en los gráficos precedentes, debemos incorporar un factor interno del distrito: la introducción de ambos sexos está relacionada con la demanda de mano de obra local. En efecto, los hombres son requeridos en mayor cantidad, dada su variada capacidad de trabajo en distintos oficios: zapateros, herreros, pregoneros, "estancieros"; en tanto las mujeres son buscadas principalmente para su desempeño en el servicio doméstico, y por su posibilidad de reproducción.

En cuanto a las edades de los esclavos, podemos decir que el grupo más numeroso registrado en el distrito es el correspondiente a los que tienen entre 16 y 30 años deducible por su mayor capacidad como fuerza de trabajo. Le siguen en importancia los muleques (esclavos de 11 a 15 años), las crías (de 0 a 10 años)[161] y finalmente el grupo de esclavos más viejos que tienen 31 años o más (Gráfico 13) (Anexo G). Dentro de este último, encontramos excepciones, como el negro Francisco, que cuenta 60 años de edad.[162] A lo largo de todo el período la proporción se mantiene (Gráfico 14).

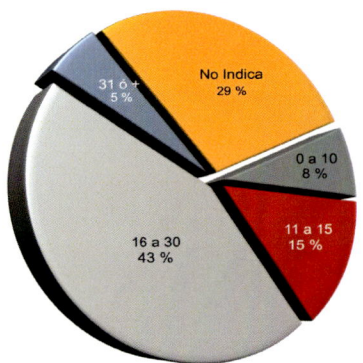

Gráfico 13. Porcentaje de esclavos según grupos de edades entre 1588-1640.
Fuente: elaboración propia registros notariales del A.H.P.C.

---

[159] Klein, 1993, pp. 14-15.

[160] Bowser, 1990, p. 144.

[161] Klein (1993, p. 15) señala algunos factores que influyen en la baja proporción de niños que se embarcan desde el África. Por una parte, la oferta africana parece no haber destinado gran cantidad de niños a los esclavistas de la costa; además, los capitanes de los buques prefieren no comprarlos pues su costo de transporte era igual que el de un esclavo adulto, pero su precio de venta en América era mucho menor.

[162] A.H.P.C. Reg.1, tomo 8, fol. 303v.-304v, del 9/9/1596.

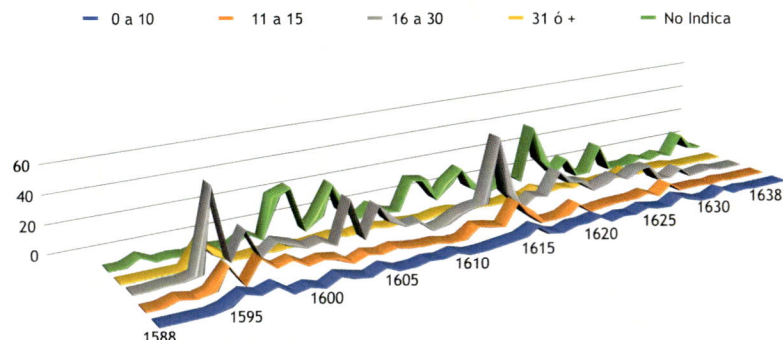

Gráfico 14. Evolución de la cantidad de esclavos según grupo de edades entre 1588-1640.
Fuente: elaboración propia registros notariales del A.H.P.C.

3.4 Familia y mestizaje

Algunas actas de venta efectuadas en Córdoba, nos proporcionan datos sobre estado civil del esclavo, y si es vendido junto a su familia. Sobre este tema, la legislación para las Indias ordena en 1527 y 1541, que los esclavos deben casarse entre ellos para evitar todo tipo de descontento, reduciendo los contactos sexuales entre negros e indios. La Corona busca impedir de este modo, que los esclavos obtengan la libertad de sus hijos y de ellos mismos, al relacionarse con personas libres.[163]

Bowser señala que en el Perú colonial "tanto para la ley civil como para la eclesiástica los esclavos tienen derecho a casarse incluso sin permiso de sus amos; las esclavas casadas están protegidas contra abusos de sus amos y a estos les está prohibido separar a familias negras por distancias excesivas o circunstancias que imposibiliten la vida conyugal". Citando a Guarnan Poma, agrega que los matrimonios de esclavos son provechosos para todos los interesados: Dios, el rey, los amos y los propios negros. Poma está a favor de aplicar la excomunión y otras severas penas, para los propietarios de esclavos que interfieran con los derechos conyugales o separen a una familia mediante la venta.[164]

En nuestro distrito, se registran casos de ventas de parejas de esclavos que se mantienen unidas. Los propietarios tienen diversos motivos para ello: cuestiones legales y morales, además de evitar una posible fuga en caso de separar

---

[163] Mörner 1969, p. 46.

[164] Poma expone con respecto al matrimonio que "los negros casados deben vivir, en lo posible, bajo el mismo techo, pero si ello fuere imposible por ser esclavos de distintos amos el hombre y la mujer deben o bien ser autorizados a pasar las noches juntos o por lo menos recibir dos noches libres a la semana; del mismo modo los esclavos casados con personas libres deben tener ocho noches libres por mes (Bowser, 1977, pp. 314-315).

a la pareja. De esta manera, Domingo y Esperanza, son vendidos conjuntamente a Andrés de Matos, vecino de Santiago del Estero. Del mismo modo, Doña María Talera, vecina del Potosí, tiene un esclavo de su propiedad en Córdoba y manda a un apoderado para que lo recupere; en el poder aclara que, en caso de que el esclavo se encuentre casado, prefiere que lo vendan al contado a la persona que quiera.[165]

Sin embargo, también tenemos casos de casamientos entre esclavos de distintos dueños. Los documentos siempre indican si el esclavo es casado y, en ese caso, el nombre de la pareja; si está es de "otra casa" dentro de la jurisdicción, además se señala el nombre de su propietario. En 1619 una transacción entre vecinos de Córdoba, nos muestra un buen ejemplo de esto. Juan de Tejeda Miraval vende a Luis del Peso cinco esclavos y una cría: Juan, casado con una esclava de Rui de Sosa, y la familia de Francisco y Catalina junto a sus tres hijos.[166]

El conservar una familia completa es una buena inversión para el dueño de esclavos, quien puede ver multiplicada su inversión inicial en poco tiempo. Esto beneficia principalmente al propietario de la esclava, casada o no, ya que los hijos heredan la condición de la madre y pasan a ser propiedad de su amo quien puede disponer de ellos. Bowser señala que los hijos de negras esclavas heredan su situación y permanecen junto a su madre hasta la adolescencia, en parte porque no pueden valer mucho pues su cuidado cuesta más de lo que pueden ganar si se los hace trabajar; y en parte porque durante esos años formativos se prepara a los niños para un oficio y a las niñas en las tareas de la casa.[167]

En el distrito de Córdoba observamos que los hijos de esclavas permanecen al lado de su madre hasta los ocho o diez años y generalmente son venidos junto con ella. Por ejemplo, en 1620, Tristán de Tejeda Miraval vende a Lucia, "negra linda y soltera" con sus tres crías, María, Manuel y Mateo, de seis, tres y un año respectivamente. Excepcionalmente encontramos la venta de un padre junto a su hijo; así el negro Antonio es vendido junto a su hijo Domingo de tres años de edad.[168]

Las presiones de la Corona, la Iglesia y la sociedad no impiden el contacto sexual entre africanos, indios y españoles. A lo largo de los años, se produce una asombrosa variedad de mezclas raciales que da origen a una clase de negros libres en las Indias.[169] En este sentido, la jurisdicción de Córdoba no es una excepción. A través de testamentos y dotes encontramos un número considerable de mulatos, mayor que los contabilizados en transacciones de compraventa. La primera mulata

---

[165] A.H.P.C. Reg. 1, tomo 50, fol.279r.-280r, del 27/11/1638, y tomo 47, fol 341v- 346r del 18/3/1632.

[166] A.H.P.C. Reg. 1, tomo 34, fol. 183v.-185v, del 9/9/1619.

[167] Bowser, 1977, pp. 329-330.

[168] A.H.P.C. Reg. 1, tomo 35, fol 240r.-241r, del 28/3/1620 y tomo 36. fol. 24v-26v, del 25/5/1620.

[169] Bowser, 1977, p. 347.

que figura es Isabel, esclava de Alonso de la Cámara, vendida en 1599 con sus dos hijas, Isabel y Magdalena, de diez y cuatro años respectivamente.[170] A partir de esta fecha comienza a dibujarse la figura del negro mulato. Bowser explica la aparición del grupo mulato en el Perú colonial aduciendo que las relaciones sexuales entre negras y españoles son frecuentes; ya que las negras, especialmente las mulatas tienen un atractivo irresistible para los conquistadores.[171]

El mulato hijo de español y negra, adquiere la condición de su madre y puede pasar su vida siendo un esclavo. Este parece ser el caso de algunos mulatos que, como Leonor, criolla mulata nacida en el puerto de Buenos Aires y su hijo Cristóbal, criollo del puerto, "cuarterón de español".[172] Un padre blanco puede reconocer como hijo "natural" a un mulato. En tales casos éste asume el apellido del padre, y en algunas ocasiones recibe la libertad de él o de otra persona que por distintas causas lo "ahorran". Es así como Lucas Espacio Beltrán de Albendaño reconoce a Juan, mulato de trece años, como hijo "natural" y le otorga la libertad.[173] A su vez, Alonso Rodríguez hijo de la esclava mulata Catalina y del español Antonio Rodríguez, es comprado por la Compañía de Jesús; el rector del colegio, padre Marcial de Lorezana, lo "ahorra por causas justas que a ello lo movieron".[174]

Cuando un mulato no es hijo de su amo, sino de otro español, para "ahorrarle" el padre debe primero hacerlo de su propiedad pagando por él. Un Real Decreto de 1593, señala que el padre español de un niño mestizo puesto en venta por el propietario de la madre, debe tener preferencia al momento de la venta del niño, si su intención es emanciparle.[175] En base a esta disposición, Isabel, mulata criolla de Córdoba, es donada por el monasterio de Santa Catalina de Sena de la ciudad, con la condición de que no la vendan, salvo que el padre de la mulata entregue 300 pesos para que quede horra.[176]

Cuando una madre esclava no logra convencer al padre español para que libere a su hijo, puede persuadir a algún otro protector más caritativo para que lo haga, ya sea por la intercesión de algún padrino u otras personas.[177] Antonio Márquez compra a Luis Frazon una mulatilla criolla de Córdoba llamada Jerónima, hija de una esclava y de Francisco Alfonso, hermano del comprador. En la misma transacción Márquez ahorra la mulatilla con la condición de que hasta que "tome

[170] A.H.P.C. Reg. 1, tomo 12, fol. 81v.-82v, del 3/9/1599.

[171] Bowser, 1977, pp. 351-352.

[172] A.H.P.C. Reg. 1, tomo 42, fol. 340r-341v, del 2/11/1627. Mörner señala para el Perú colonial, la categoría "cuarterón de mulato", como la mezcla de español y mulata (Mörner 1969, p. 64).

[173] A.H.P.C. Reg. 1, tomo 27, fol. 250r-v, del 17/3/1615.

[174] A.H.P.C. Reg 1, tomo 41, fol. 226r.-227v, del 20/3/1625.

[175] Bowser, 1977, p. 352.

[176] A.H.P.C. Reg. 1.Tomo 45. fol. 317r-319r, del 6/4/1630.

[177] Bowser, 1977, p. 354.

estado o su padre la lleve ha de estar en mi servicio, sin que tenga obligación de pagar cosa alguna por el dicho servicio".[178]

Las relaciones entre esclavos e indios dentro de la jurisdicción no siempre pueden ser evitadas, pese a la oposición de las autoridades civiles y eclesiásticas; la Iglesia teme que los esclavos refuercen el apego del indio al paganismo "e incluso que lo infecte con la infidelidad del islam".[179] Por ejemplo, Pedro, mulato esclavo del capitán Juan de Tejeda Miraval, huye con Luisa su mujer india, posiblemente por el temor de ser separados.[180]

En Córdoba, también surgen los denominados zambos, descendientes de africanos e indias. La ley les asegura el estado libre de su madre; pero la libertad es casi la única ventaja que poseen, debido a que no les resulta fácil insertarse en la sociedad colonial. Sebastián de 20 años es un zambo, hijo de Pedro, esclavo del general Pedro Guzmán, y de Ana, india de la encomienda de Baltasar de Gallegos, quien hereda la condición libre de su madre, pero debe asentarse a trabajar con el amo del padre.[181]

---

[178] A.H.P.C. Reg.1, tomo 40, fol. 85r-87r, del 12/5/1624.

[179] Bowser, 1977, p. 347.

[180] A.H.P.C. Reg. 1, tomo 42, fol. 347v-347v, del 8/11/1627.

[181] El asiento es por seis años. Guzmán debe pagarle 40 varas de lienzo o sayal o 20 pesos en reales por cada año de trabajo; además debe darle comida y curación si es necesario (A.H.P.C. Reg. 1, tomo 23, fol. 198r-199r, del 13/8/1612).

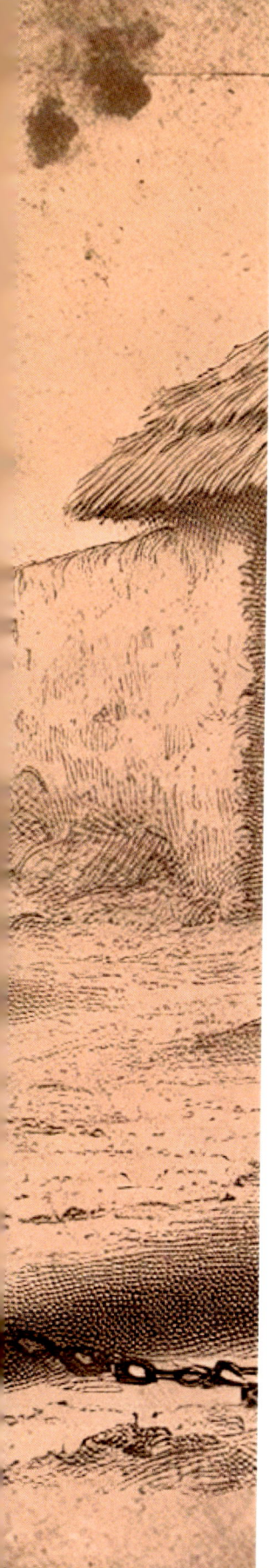

4
Afrocordobeses en el distrito

Durante los primeros años de la ciudad de Córdoba, la misma se fue poblando con españoles que llegaron desde las lejanas tierras de la metrópoli allende los mares. El repartimiento de tierras hacia ellos por parte de las autoridades coloniales incluía el otorgamiento de los indios que ya habitan esos territorios. A partir 1588, según muestran las actas de compraventa comienzan a incorporarse nuevos habitantes a la ciudad: los africanos que llegaban a través de la trata.

Como analizamos en el capítulo anterior, los esclavos son descritos en los documentos a través de características físicas, morales y sociales según categorías propias de la época. Las actas de compraventas pueden ser de esclavos revendidos en el distrito o que seguían en trayecto hacia otros distritos o de esclavos que se quedarían por tiempos más prolongados. Estos últimos los denominamos afrocordobeses partiendo de la idea que el morar es transitorio y el habitar implica no solo una permanencia mayor en tiempo sino también una apropiación del lugar. Aunque hablemos de permanencia, esta puede no ser definitiva, dado que por su condición de esclavos siempre están sujetos a una eventual venta y traslado a otro lugar.

Partiendo de la idea que el habitar implica una forma de ser y estar del ser humano en un lugar, estos esclavos contribuyeron con sus diferentes trabajos y oficios a la construcción de aquellos espacios coloniales más allá de su condición económica de mercancía. Aunque privados de su libertad, ellos habitaron el territorio, aprendieron la lengua y las costumbres de la tierra y aportaron su cultura. Por ello, podemos referir a la impronta de los afrocordobeses en la construcción de la identidad local. De allí, la importancia de visibilizar su existencia en pos de una memoria histórica que les restituya su valor como actores en la configuración territorial del distrito.

Si bien para el análisis de este capítulo se utilizaron las actas de compraventa, nuestra mirada sobre estos documentos se centra ahora en aspectos que nos permiten comprenderlos como habitantes. A esto sumamos otros documentos (pleitos, actas capitulares, entre otros) que ayudan a enriquecer esta perspectiva.

4.1 Entre ladinos y bozales

Lockhart señala para el Perú colonial, que las palabras más usadas por los vendedores de esclavos en la descripción de sus piezas, son los términos de "ladino" y "bozal"; ambas son importantes porque al comprador le importa saber si el esclavo que puede conseguir tiene o no experiencia laboral, si está acostumbrado a la vida fuera de África entre hombres blancos, y si conoce el idioma español.[182] Por su parte, Bowser indica que la mayoría de los esclavos que ingresan a Perú entre 1560-1650, son negros bozales que provienen directamente de África y que deben aprender los rudimentos de la lengua y la cultura española. Junto a estos también llega una pequeña proporción de "ladinos" provenientes de la Península y de otras partes de la América colonial, que conocen la lengua y las costumbres españolas. También indica que ocasionalmente se emplea en los documentos de venta la expresión "entre ladino y bozal", para designar a esclavos que han adquirido parcialmente las costumbres españolas.[183]

En el distrito de Córdoba encontramos las mismas categorías (Gráfico 15): sobre un total de 1206 esclavos asentados en actas de compraventa, 823 (68 %) son designados por sus propietarios como "bozales", 84 como "ladinos" (7 %), en tanto que 300 no indican su condición (25 %) (Anexo H).

---

[182] Lockhart, 1982, p. 224.

[183] Bowser, 1977, pp. 108, 414. En nuestro distrito sólo en una ocasión se emplea este término. Por ejemplo, el vecino Rui de Sosa vende al adelantado Don Juan Alonso de Vera y Zarate un esclavo de 8 o 9 años "entre ladino y bozal" (A.H.P.C. Reg. 1, tomo 43, fol. 265r-266v, del 26/8/1626).

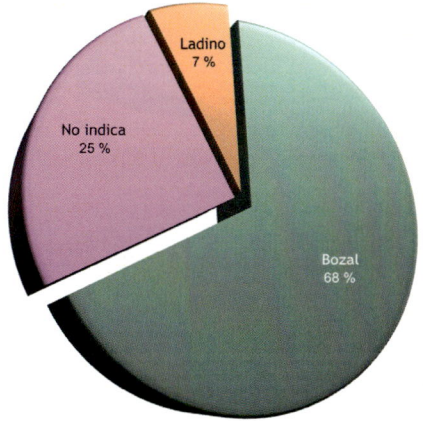

Gráfico 15. Porcentaje de ladinos y bozales entre 1588-1640.
Fuente: elaboración propia registros notariales del A.H.P.C.

Del análisis del Anexo H surge que, durante todo el período en estudio, la mayoría de los esclavos que se venden en el distrito son negros bozales recientemente entrados por el puerto; lo que estaría afirmando la función de la ciudad de Córdoba como lugar de distribución del comercio de esclavos que entra por Buenos Aires. Teniendo en cuenta esto, es comprensible la pequeña proporción de ladinos que encontramos en el distrito, quienes generalmente tienen años de residencia en Buenos Aires o en la misma ciudad de Córdoba. Es interesante señalar que la presencia de ladinos en las actas de venta recién comienza a dibujarse a partir de la segunda década del siglo XVII. En cuanto a la categoría "no se indica" es de notar que, aunque aparecen desde las primeras actas de venta, su número se incrementa considerablemente entre 1624 y 1628 (Gráfico 16), años de mayor control de la aduana de Córdoba.[184]

---

[184] Sobre la preferencia en el Perú de los esclavos bozales, Bowser recuerda que el padre Sandoval, sacerdote del Perú, dice que "los españoles gustan de los bozales porque están aterrorizados y son dóciles, mientras que los ladinos se consideran demasiado conocedores de las costumbres españolas como para dejarse disciplinar fácilmente". Y agrega que esta preferencia no es tan pronunciada cuando se trata de la compra de una esclava, dado que se emplean en tareas domésticas, por lo que es deseable un cierto grado de aculturación (Bowser, 1977, pp. 117-118).

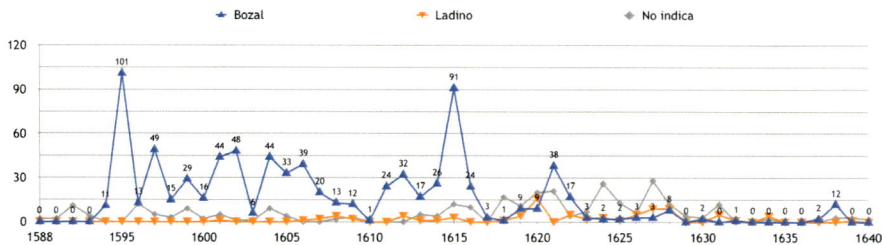

Gráfico 16. Evolución de la cantidad de esclavos ladinos, bozales y sin designación entre 1588-1640.
Fuente: elaboración propia registros notariales del A.H.P.C.

En la jurisdicción los esclavos ladinos son apreciados por las costumbres y hábitos adquiridos, que les permiten moverse con cierta facilidad entre los españoles. En un pleito sustanciado en 1630 Juan de Vergara, vecino de Buenos Aires, reclama a Jerónimo Luis de Cabrera la entrega de tres esclavos. Cabrera había comprado fraudulentamente en el puerto de Buenos Aires mientras Vergara se encontraba preso. Según el demandante Cabrera tiene a los esclavos en sus estancias y haciendas del Río Cuarto. Vergara reclama con insistencia a Pedro y su mujer María alegando que:

> ... el dicho negro es de mucha razón e importan para las dichas mis haciendas [...] porque me sirvió de mayordomo y cuando se me quitó y vendió algunas veces me han ofrecido mucho por él y no lo he dado [...] y su mujer es muy buena cocinera y lavandera y ladina de mucha razón y confianza...[185]

Seguramente la importancia de Pedro y María está relacionada por tener un oficio, lo que los convierte en mano de obra calificada, y por lo tanto más valiosa para su amo. Vergara comenta, entre sus argumentaciones que en ocasiones le han ofrecido por estos esclavos más de 500 pesos por cada uno, pero él no acepta venderlos.

4.2 Ocupaciones

Al distrito de Córdoba llegan una considerable cantidad de esclavos. Para 1613 el padre Diego de Torres menciona "...ser grande el número de esclavos que inunda la ciudad...".[186] Unos años después, en 1643 las actas capitulares registran que en Córdoba y su campaña habitan cerca de 2000 esclavos, algunos nacidos en la región; para esa fecha existen 110 vecinos (aproximadamente 550 pobladores

---

[185] A.H.P.C. Esc.1, leg 63, exp. 8, año 1630.

[186] Citado en: Canabrava, 1984, p. 107.

españoles) en la jurisdicción.[187] Toda esta población esclava que se encuentra en el distrito, se inserta laboralmente de diversas maneras. La consulta de testamentos, dotes y pleitos de la época nos proporciona información sobre ello.

Aunque es evidente que la mano de obra esclava es una fuente alternativa al trabajo indígena, y que su incorporación en distintas actividades se acentúa a medida que la población nativa declina a partir de 1610, no podemos indicar la proporción de ese reemplazo. Sabemos empero que, el gran número de personas de color, esclavos o libres, se desempeñan en distintas actividades productivas de la región, en tareas urbanas como la realización de obras públicas y en el servicio de la vivienda, en el ámbito rural en estancias y obrajes, o en el sistema de fletes. Los documentos mencionan diversos oficios: servicio doméstico, lavandera, panadera, zapatero, tejero, carpintero, zurrador, sombrerero, leñador, molinero, maestro de la tierra, ovejero y gallinero. Los negros forman una parte importante de la economía de la ciudad.[188]

Señalemos en primer término las tareas públicas a las que son afectados. En 1628 Simón Duarte y el capitán Rui de Sosa, como mayordomos de la cofradía de San Antonio, ponen esclavos de su servicio para trabajar con el maestro ensamblador Dionisio Rodríguez, para realizar el altar de la capilla de San Antonio del convento de San Francisco.[189] Ese mismo año, vecinos y residentes de Córdoba son llamados por las autoridades a colaborar con esclavos e indios para reparar daños ocasionados por las inundaciones en la ciudad.[190] En 1635 se convoca nuevamente a los vecinos para que den un indio o un negro para el arreglo del convento de Santa Catalina.[191]

Otra tarea pública consiste en oficiar como intérpretes de los negros cuando son llamados a declarar en algún pleito. El dueño del esclavo intérprete cobra a razón de 8 reales por día de trabajo de su negro. Los intérpretes son siempre ladinos que conocen la lengua española y la nativa africana. En 1628 en un pleito sustanciado por la Real Aduana de Córdoba —ya citado anteriormente— contra Cristóbal Sánchez por despachos supuestos de esclavos, se toma declaración a cinco esclavos. Por medio del intérprete Pedro, congo negro ladino, esclavo del capitán Juan de Tejeda Miraval, se interroga a Francisco, Pedro, Juan y Alejandro,

---

[187] Garzón Maceda, 1968, p. 25.

[188] La posesión de un oficio es un factor importante y ayuda a determinar el tipo de inserción del esclavo en la sociedad local. Según Lockhart, los esclavos negros artesanos "están en la cumbre del mundo de los esclavos, son los más altamente preparados y los más valorados" (Lockhart, 1982, p. 232). Así es como, en Córdoba, un negro oficial zapatero llamado Damián es tasado en 550 pesos; a su vez Cristóbal Suazo, mulato oficial zurrador se vende a 600 pesos, Pedro oficial tejero en 500 y Pablo carpintero en 600 (A.H.P.C. Reg. 1, tomo 51, fol. 110r-119v, del 11/5/1640; tomo 39, fol. 11 Ov- 111 v, del 30/5/1623; tomo 16, fol. 273r-274r, del 26/4/1604; esc. 1, leg. 47, exp. 1, año 1648).

[189] A.H.P.C. Reg. 1, tomo 44, fol. 342v.-344v, del 28/7/1628.

[190] Acta capitular del 10/11/1628 (A.M. 1884, VII, pp. 47-49).

[191] Acta capitular del 1/3/1635 (A.M. 1884, VIII, pp. 20-21).

pero cuando se toma declaración a Francisca, se debe cambiar de intérprete, porque la negra dice no saber la lengua del intérprete.[192] Los negros intervienen también en la vida pública al oficiar como pregoneros en la plaza de la ciudad para comunicar decisiones de gobierno o para anuncios de remates.[193]

Bowser indica que en el Perú colonial, las familias respetables que viven en la ciudad, "tienen criados que les proporcionan cierta distinción social; las mujeres negras limpian, cocinan, cuidan a los niños, mientras los hombres se hacen cargo del huerto, el cuidado de caballos y conducen el carruaje".[194] Al igual que en Perú, en la ciudad de Córdoba encontramos numerosos esclavos que se encargan de las tareas domésticas en las casas de la ciudad María, esclava negra de 40 años, es calificada a la hora de su venta como "capacitada para el servicio doméstico"[195] y Victoria, negra ladina, es hipotecada por su dueño quien declara que la negra ha criado a sus hijos.[196]

La cantidad de esclavos que trabajan en el servicio doméstico de una vivienda urbana puede variar: Pablo González tiene a su servicio solamente un esclavo; Martín López de Campo Verde, 14 negros; y Pablo de Acuña Sotomayor llega a la cantidad de 25.[197] Los esclavos también están al servicio de las estancias de sus amos. Por ejemplo, Juan de Villafranca querella a Francisco Godoy porque le ha llevado de su estancia que se encuentra camino a Chile, un esclavo que él tenía "en guarda" de su estancia. A su vez, Doña Isabel de Rivas tiene al servicio de su casa y estancia 21 esclavos negros y negras, a los cuales manda que se le entreguen para la próxima Navidad un vestido nuevo de cordellate de la tierra, "aunque estén vestidos", por el mucho amor que les tiene.[198] Algunos trabajan en la producción de manufacturas textiles en los obrajes rurales de los vecinos de Córdoba.[199] En el año 1631, dos padres de la Compañía de Jesús, se dirigen a dos de estas unidades productivas ubicadas en las afueras de la ciudad para

---

[192] A.H.P.C. Esc. 1, leg. 60, exp. 14, año 1628.

[193] A.H.P.C. Esc. 1, leg. 59, exp. 5, año 1627.

[194] Bowser, 1990, p. 146.

[195] A.H.P.C. Reg. 1, tomo 36, fol. 296v-298v, del 16/1/1621.

[196] A.H.P.C. Reg 1, tomo 48, fol. 198r-203r, del 8/10/1633.

[197] A.H.P.C. Esc. 1, leg. 62, exp. 2, año 1630; reg. 1, tomo 39, fol. 21r, del 31/1/1623 y tomo 44, fol 259v-263v, del 20/5/1628. Algunos de estos esclavos legados provieenen de los bienes que traen sus esposa en dote. Por ejemplo, Doña María Cortéz alega que le corresponden por bienes dótales, 13 esclavos de los 25 que el finado Pablo de Acuña deja a sus sucesores.

[198] A.H.P.C. Reg 1, tomo 48, fol. 283r.-284r, del 28/3/1634 y tomo 49, fol. 281r.-289r, del 12/11/1635.

[199] Piana señala que "hasta 1610 encontramos en la jurisdicción de Córdoba tres obrajes: el de las Peñas de Alonso de Coria Bohorques y su esposa María Osorio; uno pequeño instalado en la ciudad, y dedicado a la elaboración de sombreros; y el de Tristán de Tejeda ubicado en Soto" (Piana, 1992, p. 192).

catequizar, confesar y bautizar "al gran número de negros angolas que trabajan en ellos".[200]

Los negros también son empleados en el sistema de fletes, para ayudar a transportar mercaderías, plata y pasajeros. Manuel Gómez, mercader estante, y Francisco Ferreira, vecino regidor de Córdoba, se conciertan para que Ferreira lleve a Potosí 1500 o 1600 muías chúcaras; en el viaje lo acompañará un muchacho indio y un muleque negro para que le ayuden.[201] Los esclavos utilizados en los fletes suelen ser alquilados; por ejemplo, el cura vicario de Soto, padre Manuel de Córdoba, le da poder a Melchor Rodríguez, morador en Charcas, para que le cobre unas deudas y para que pida la devolución a Diego Gómez Freire de un esclavo llamado Andrés que le alquiló para hacer un viaje hasta aquel lugar.[202]

No sólo la actividad de los fletes utiliza el sistema de alquiler de esclavos. Cuando se requiere de mano de obra, pueden ser alquilados a cualquier propietario que tenga piezas disponibles.[203] El capitán Juan de Tejeda Miraval alquila a Juan de Morales, maestro de la tierra, un negro ladino llamado Sebastián por un año y medio; Morales debe alimentar al esclavo y pagar por mes a su dueño 2 reales por cada día de trabajo.[204]

Aun cuando un alquiler no es formalizado en los papeles, un propietario tiene derecho a reclamar salarios y jornales de los esclavos que otro tiene en su poder. Por ejemplo, el sargento Miguel de Ardiles, vecino de Córdoba, da poder a Bernardo de Espinosa para que pida cobre o reciba muías y dos esclavos. Según la información que posee Ardiles, el negro Francisco se dirige con las carretas de Juan Pérez hacia Santiago del Estero y el negro Mateo está en poder de Julián Ureña en el camino hacia Esteco. Además de recobrar los esclavos, debe cobrar sus jornales mientras sirvieron a Pérez y a Ureña.[205]

La posesión de esclavos también da prestigio. Según Lockhart "los sirvientes negros constituyen una parte esencial del patrón general de las ambiciones de los españoles. Ningún encomendero se siente feliz hasta que no posee una gran casa, tierra, ganado y esclavos. La mayoría de los españoles no pueden esperar alcanzar por completo este objetivo, pero apunta por lo menos a dos elementos imprescindibles: una casa (que puede ser alquilada) y negros".[206]

---

[200] Décimotercera Carta Anua del padre provincial Francisco Vázquez Trujillo, 1628-1631 (citado en Segreti, 1973, p. 87).

[201] A.H.P.C. Reg.1, tomo 50, fol. 296r.-297v, del 24/12/1638.

[202] A.H.P.C. Reg. 1, tomo 35, fol.119v- 121v, del 28/1/1620.

[203] Lockhart, 1982: 239.

[204] A.H.P.C. Reg. 1, tomo 36, fol 72v-73v, de agosto de 1620.

[205] A.H.P.C. Reg. 1, tomo 49, fol. 360v-362r, del 8/3/1637.

[206] Lockhart, 1982, p. 231.

4.3 Negros horros

Hasta aquí hemos visto las distintas formas de inserción laboral de los africanos sujetos a esclavitud. También existe en la jurisdicción aquellos que consiguen su libertad y se incorporan a la fuerza laboral, como negros "horros". En los documentos de la época, un "horro" es aquel esclavo negro o mulato que por diversos medios consigue su libertad. En la carta de "horro" concedida al mulato Alonso Rodríguez se aclara que es:

> … para que por todos los días de su vida pueda ser libre y gozar de su libertad sin que por ninguna persona se lo impida […] y con facultad para que como persona libre pueda hacer de sí y de lo que tuviere lo que le pareciere y pueda parecer en juicio….[207]

Esta libertad se puede conseguir de diferentes maneras. En el Perú colonial "la compra de la libertad por el esclavo es más importante que la manumisión voluntaria en la creación y desarrollo de la población de color libre de la colonia"[208]; los negros consiguen el dinero para su libertad a través de préstamos, plan de compra a plazo o trabajo por el equivalente a su precio.[209]

En cambio, en nuestro distrito, lo más común es la manumisión voluntaria mediante "carta de ahorro" o por "ahorro testamentario". En las cartas labradas ante los escribanos de Córdoba se mencionan dos motivos para otorgar la libertad de un esclavo: "causas justas" y "buen servicio y amor a Dios". Dentro de estas palabras se encierran otras, que no se mencionan directamente en el texto, pero que aparecen sugeridas; generalmente el esclavo liberado es un mulato de poca edad, descendiente de "algún" español y una esclava de su propiedad.

Por ejemplo, el capitán Lázaro de Molina Navarrete, vecino feudatario de la ciudad, tiene un esclavo mulato llamado Manuel de seis años de edad. El mismo es hijo de una negra suya llamada Catalina, y teniendo en cuenta el dueño que el mulatillo es cristiano y existen otras causas justas que a ello lo mueven "…lo hace horro y libre de esclavitud perpetua para siempre jamás…".[210]

Antonia de Quevedo, vecina de Córdoba, otorga carta de libertad a una negra mulata nombrada Petronila de Balladares, hija de la mulata Pascuala, también esclava de Doña Antonia. La libera por el buen servicio que le ha brindado y por amor a Dios nuestro señor y otras causas que a ello la mueven.[211] Generalmente los mulatos "ahorrados" siguen viviendo y sirviendo en casa de sus

---

[207] A.H.P.C. Reg. 1, tomo 41. fol. 226r-227v, del 20/3/1625.

[208] Bowser, 1977, p. 342.

[209] Lockhart, 1982, p. 243.

[210] A.H.P.C. Reg. 1, tomo 50, fol. 237r-238r, del 17/8/1638.

[211] A.H.P.C. Reg. 1, tomo 50, fol. 425r-426r, del 10/11/1639.

anteriores amos; tal vez no sólo por la necesidad de casa y comida, sino también por estar al lado de su madre esclava.

En cuanto a los ahorros testamentarios encontramos que se dan desde épocas muy tempranas en el distrito. La primera manumisión de este tipo que registran los protocolos notariales es la realizada por Pablo de Guzmán en 1597, en favor de Pedro, esclavo de Guinea, que obtendrá su libertad cuando su amo muera.[212] Algunos propietarios acompañan su manumisión con la condición de que el negro horro continúe trabajando para sus antiguos amos por un tiempo determinado. En 1629, Don Alonso de la Cámara declara como su última voluntad que se libere un esclavo de su propiedad, llamado Luis, de 40 años de edad. La condición es que luego de su muerte, sirva a su hijo durante 5 años; pero aclara que la esposa y los dos hijos del manumitido continuarán sujetos a esclavitud.[213] Bajo estas condiciones, el ahorro es una cuestión tan sólo de reconocimiento al negro por algún servicio prestado, pues de todos modos seguirá viviendo en casa de su anterior amo junto a su familia. El beneficio para el negro Luis consiste en que ahora podrá concertarse como mano de obra libre y ganar algunos pesos por su trabajo.

Ante cualquier actuación judicial, los negros horros deben demostrar su libertad presentando la carta de manumisión. Veamos el siguiente caso. Antón, negro ladino, está en la cárcel pública de la ciudad de Córdoba, por ejecución de deuda sobre su amo, Pedro Velasco. En la declaración, el negro dice que su amo está en el reino de Chile sirviendo a su majestad, y que él se encuentra "... padeciendo mucha necesidad y pobreza por pasar hambre en la cárcel y pide que se le ponga remedio a esta situación o que le den una persona para servir...". Parece que la solución no llega y el negro huye de la prisión con su "ato a cuestas"; el alcalde lo encuentra rondando por la ciudad y lo captura. Nuevamente preso en la cárcel, Antón dice ser libre porque el gobernador Juan Ramírez de Velasco en su testamento lo liberó y agrega que si sirve a su hijo Pedro Velasco es por "... serle aficionado y tenerle amor y no porque tuviese sobre mi persona dominio..." A esta altura Antón lleva seis meses en prisión. Su defensor pide un plazo de 50 días para demostrar la libertad del negro trayendo el documento pertinente desde Santiago del Estero. El documento no llega y por orden del juez que entiende en la causa, Antón es rematado en la plaza pública, en la suma de 400 pesos.[214]

Las ocupaciones de los horros pueden describirse sumariamente diciendo que son las mismas que las de los esclavos. Sin embargo, podemos distinguir dos grupos de negros libres según el tipo de actividades desarrolladas. Los primeros son aquellos que continúan al servicio de sus amos, viviendo cerca de

---

[212] A.H.P.C. Reg. 1, tomo 9, fol. 66r-67r, del 9/4/1597.

[213] A.H.P.C. Reg. 1, tomo 45, fol. 171r-178r, del 1/3/1629. Ver otro ejemplo en: tomo 42, fol 173r- 174r, del 7/6/1627.

[214] A.H.P.C. Esc. 1, leg. 30, exp. 3, año 1630.

ellos, como, el caso del negro Antón que ya señalamos. Otra posibilidad es la de algunos negros libres que, aunque mantienen relaciones indirectas con su antiguo propietario, logran una cierta independencia económica, basada en el desarrollo de actividades mercantiles, como los casos que veremos a continuación.

Pedro Serrano, horro "moreno", reside en San Luis de Loyola y, como mercader tratante, lleva vino, frutas y otras cosas en carretas hacia el reino de Chile. Más allá de su libertad y de su actividad independiente, sigue sirviendo a su amo Don Jerónimo Luis de Cabrera en asuntos que requieren una confianza absoluta; es así como Cabrera lo manda a llamar para que vaya como su acompañante en el viaje que debe realizar a Santa Fe y Buenos Aires conduciendo a su tía, la esposa del gobernador Hernandarias de Saavedra.[215] Bernabé de Alegría es otro mulato horro que trabaja independientemente como sastre. Su oficio le permite obtener algunos pesos que junto a otros que le presta Miguel de Narváez, invierte en el comercio. Bernabé consigue una licencia para instalar una pulpería en la ciudad y se obliga a pagar con vino y mercaderías otros préstamos que ha obtenido.[216]

Los mulatos libres también pueden concertarse para trabajar con vecinos y residentes de la ciudad. Esos conciertos se hacen por un tiempo determinado y estipulan el pago por su trabajo, ya sea en especies o en reales: Juan mulato residente en la ciudad y natural de San Juan de la Frontera, se concierta por un año con Carlos Jufre de Heredia. Este se compromete a pagar 30 pesos y a darle comida y curación si es necesario.[217]

4.4 Negros cimarrones

Hasta aquí nos hemos referido a casos de esclavos que de distintas maneras se insertan en el mercado laboral de la ciudad. Sin embargo, algunos buscan otra salida: son los negros cimarrones que huyen de sus amos en busca de libertad.

En la jurisdicción, el cimarronaje comienza a manifestarse con fuerza a partir de la década de 1620, cuando aparecen poderes para capturar y vender a negros cimarrones o huidores, y en las actas de compraventa aparecen con mayor frecuencia los esclavos tachados de este modo.[218] El cronista del Perú Guarnan Poma de Ayala, señala las razones por las que huyen los esclavos: "...al verse maltratados, víctima de tantas tribulaciones y molestias, huyen alejándose

---

[215] A.H.P.C. Esc. 1. leg. 31, exp. 3, año 1613.

[216] A.H.P.C. Reg. 1, tomo 45, fol. 272r-v, del 26/1/1630 y tomo 46, fol. 76r-v, del 8/5/1630.

[217] A.H.P.C. Reg. 1, tomo 25, fol 268v (bis)-269r, del 30/12/1613.

[218] Por ejemplo, Magdalena es vendida por su dueño por "huidora y cimarrona"; Felipa lo es por "borracha, cimarrona, enferma y no pacificada". María es tachada como "borracha y huidora", Juan mulato por "borracho, ladrón y huidor" (A.H.P.C. Reg. 1, tomo 36, fol. 81r-82r, del 25/8/1620; tomo 37, fol. 140r-141v, del 9/12/1621; tomo 44, fol. 47r-49v, del 28/1/1628; tomo 47, fol. 341v-346v, del 18/3/1632).

y convirtiéndose en cimarrones, puesto que no pueden revelarse…".[219] Creemos que el distrito de Córdoba no escapa a las apreciaciones del cronista. Aunque los firmantes de los protocolos notariales de Córdoba no mencionen, por razones obvias, que sus esclavos huyen debido a los malos tratos recibidos, éste debe ser tal vez el más importante motivo de fuga.

El cimarrón debe enfrentar la difícil tarea de sobrevivir y al mismo tiempo evitar su captura. La situación es complicada porque el fugitivo no tiene a quien recurrir; es muy probable que entonces se quede en la zona de su antiguo lugar de residencia, donde le resulta más fácil obtener, mediante hurto, comida y otras cosas necesarias, aunque corra el riesgo de ser capturado. Ante esta situación gran parte de los fugitivos son apresados poco después de su huida y otros optan por regresar voluntariamente junto a su amo.[220] Otros fugitivos más astutos, logran evadir a sus perseguidores. Francisco de 50 años, está huido hace 10 años, según dice su ama Doña Petronila de la Cerda; al igual que Sebastián y Magdalena esclavos del licenciado Luis del Peso, "que están hace mucho tiempo huidos".[221]

La amenaza sobre los lazos afectivos es otra razón de fuga. Algunos esclavos huyen con el fin de poder reunirse con su pareja. Pedro mulato, esclavo del capitán Juan de Tejeda Miraval, y la india Luisa, su mujer, huyen de la ciudad. En 1627, el sargento Bartolomé Ramírez los encuentra y captura en "la Punta de los Venados", camino a Buenos Aires cerca del Río Cuarto. Ramírez traslada a la pareja hasta el puerto donde da aviso al capitán Tejeda de Miraval que los entregará en Córdoba; pero Pedro y Luisa vuelven a huir".[222]

Cuando un esclavo huye, su propietario pierde una inversión considerable; y capturar a un fugitivo significa grandes gastos y trabajo[223], de allí que los propietarios tomen sus recaudos. Este es el caso de Francisco de Ruescas y su mujer Doña Juana de Robles que venden cuatro esclavos "…por riesgo que tiene que los esclavos se le huyan…".[224] Seguramente el nuevo dueño cuenta con los medios de control necesarios para evitar la fuga de los esclavos. Otros propietarios no pueden evitar la huida y para recuperar su inversión deben dar poder para su captura, con los gastos que ello implica. Una vez recobrados, prefieren vender los esclavos cimarrones, seguramente para evitar situaciones semejantes en el futuro. Gabriel Sarmiento de Pedraza vecino de La Rioja, le da poder a Juan Cáceres para vender un negro llamado Lorenzo que recobra en la

---

[219] Bowser, 1977, p. 248.

[220] Bowser, 1977, p. 245. A modo de ejemplo en 1628 tres negros huidos son prendidos y apresados, quedando en depósito en la cárcel pública de la ciudad, hasta que se defina la causa (A.H.P.C. Reg. 1. tomo 44, fol. 166r-v, del 4/4/1628).

[221] A.H.P.C. Reg. 1, tomo 37, fol. 338v.-339r, del 4/2/1622 y tomo 45, fol. 254r.-260v, del 19/4/1639.

[222] A.P.H.C. Reg. 1, tomo 42, fol. 347r-349r, del 8/11/1627.

[223] Bowser, 1977, p. 242.

[224] A.H.P.C. Reg. 1, tomo 41, fol. 37 r-40r, del 10/4/1625.

ciudad de Córdoba, donde estaba huido. El rescate le cuesta al dueño 22 pesos. Otros como Pedro Sánchez y Melchor de Acuña, vecinos del puerto de Buenos Aires, declaran que a cada uno se le ha huido un esclavo, y tienen noticias que están fugados en Córdoba. Ambos dan poder a Simón Duarte para que recobre y venda los negros.[225] Por las mismas causas, Francisco de Espinosa Saavedra, da poder al capitán García de Vera y Mujica para que prenda a Juan esclavo huido de la ciudad, el cual una vez recuperado será donado como limosna a la Madre Teresa de Jesús, priora del convento de Santa Catalina de Sena".[226]

Una vez recuperados, los negros son rematados o vendidos al mismo precio que otros esclavos que no son cimarrones. Por ejemplo, por fin y muerte de Doña Isabel de la Cámara, el negro Bartolo "... que andaba huido..." es vendido en un remate junto a otros 12 esclavos, al mismo precio que el cesto.[227] Cuando los propietarios venden a un esclavo reconocido como huidor, están confiando que las buenas condiciones del negro compensen el defecto frente al comprador.[228]

4.5 Control y castigo

El control de los esclavos de la jurisdicción es una necesidad para las autoridades, ya que la posibilidad de desórdenes por parte de la población negra es una realidad. En 1635 Alonso Nieto, procurador general, dice que Diego Fernández. Salguero, alcalde ordinario, no debe salir de la ciudad, pues la mayoría de los vecinos están sirviendo en la guerra[229] y sólo quedan en la misma mujeres, niños, monjas y religiosos; y agrega que la ausencia de los vecinos puede ser peligrosa, por la cantidad de negros e indios quienes pueden reconocer la flaqueza de la gente de la ciudad.[230]

Atendiendo a esta situación, el cabildo designa un alcalde de la Santa Hermandad y un alcalde de negros. La primera es una institución que, originaria de España, se instala en la ciudad pocos años después de su fundación. Es un cuerpo policial especial que tiene por objeto ejercer el control en las zonas rurales.[231] Según las actas capitulares, esos alcaldes deben entender en casos de:

---

[225] A.H.P.C. Reg. 1, tomo 50, fol. 317r-318r, del 18/5/1639; tomo 43, fol. 29r-31v, del 28/1/1626 y fol. 33v-38r, del 10/3/1626.

[226] A.H.P.C. Reg. 1, tomo 42, fol. 183r-v, del 1/7/1627 y fol 184r-v, del 5/7/1627.

[227] A.H.P.C. Reg. 1, tomo 39, fol. 131v-132r, del 10/7/1623.

[228] Bowser, 1977, p. 246.

[229] El procurador está haciendo referencia a la guerra que los españoles están sosteniendo con los indios calchaquíes.

[230] Acta capitular del 16/1/1635 (A.M. VIII, pp. 8-10).

[231] Bowser, 1977, p. 242.

"...robo, hurto, fuerzas, bienes muebles, fuerzas de cualesquier mujeres que no sean mundanas públicas, salteamiento de caminos, muertes, heridas, quema de casas, viñas o mieses en despoblado...".[232]

El segundo cargo es ocupado por un negro, quien debe cuidar el comportamiento de los esclavos en el ámbito urbano. Son designados por el teniente gobernador y aparecen nombrados recién a partir de 1612. Las autoridades de la ciudad de Lima, para controlar el desorden y el crimen, "tratan de regular los movimientos, actos y moral de las personas de color, pero como lo atestigua el carácter repetitivo de la legislación al respecto, no tienen mayor éxito".[233] En 1549 el cabildo de Lima dicta las ordenanzas de la Gasea que están en uso hasta 1560, fecha en que la Real Audiencia de Lima promulga otras redactadas por el Marqués de Cañete, ambas son tomadas como precedentes en las reglamentaciones de los cabildos del virreinato.

El cabildo de Córdoba toma algunas medidas prohibitivas para el control de los esclavos. Al igual que en el resto del virreinato, son numerosos los intentos de prohibir el consumo de vino a la población negra, pues se considera a la bebida la causa fundamental de buena parte de su conducta delictiva; pero el resultado de este control es escaso o nulo.[234] En 1619 se pregona un auto en la plaza pública de la ciudad por el cual se prohíbe la venta de vino a esclavos y negros; evidentemente esta medida no tuvo un efecto absoluto, ya que para 1635 aún se está ordenando que los pulperos no deben venderles vino, y se agrega que el indio o negro que se encuentre borracho será azotado con 30 latigazos.[235]

A los esclavos también les está prohibido los jugos de azar, portar armas y caminar de noche solos; si se los encuentra culpables de cometer algún delito las penas son graves, hasta pueden ser condenados a muerte.[236] Juan Álvarez de Estridula, vecino, recibe en préstamo una escopeta de Antonio Suarez Mejía; como se le maltrató, la caja la envía a arreglar a la ciudad de Santa Fe. No sabemos muy bien cómo, pero la escopeta es hallada en poder de Agustín Mejía, negro "que enseña a danzar", quien es mandado a ahorcar como castigo.[237]

Las medidas, también están orientadas a controlar antiguas costumbres de la población negra. Riña, esclava de Petronila de la Cerda, está presa en la cárcel pública de la ciudad por haber intervenido para que "Juan esclavo de Diego Baliadares diese hechizos a Antón angola esclavo de Diego López de Lisboa". Su propietaria debe pagar una fianza de 500 pesos para sacarla de la cárcel, y se

---

[232] Acta capitular del 29/12/1628 (A.M. 1884, VII, pp. 58-65).

[233] Bowser, 1977, p. 208.

[234] Mellafe (1984b, pp. 76-85.

[235] Acta capitular del 9/12/1619 y del 4/7/1635 (A.M., 1884, VI: 90-93 y VIII: 23).

[236] Mauro, 1989, p. 202.

[237] A.H.P.C. Reg. 1. tomo 18, fol. 344r-345r, del 15/3/1605.

le aclara que si volviera a ejercer la brujería será nuevamente apresada.[238] Sin embargo, es posible que las autoridades ignoren las transgresiones de los esclavos pertenecientes a personas ricas y poderosas. Pedro Serrano, mulato horro de don Jerónimo Luis de Cabrera, está preso en la cárcel de la ciudad acusado de herir a don Rodríguez de Ruescas, vecino de Córdoba. Su defensor pide una prórroga ante la Audiencia de Charcas para poder presentar testigos que demuestren la inocencia del negro. Veintiún vecinos y residentes de la ciudad presentan testimonio sobre el caso, quienes son interrogados sobre si conocen la vida pacífica que lleva el negro Pedro, no acostumbrado a cometer delito, dedicado hace algunos años al trato con la provincia de Cuyo, reino de Chile, llevando frutas, vino y otras cosas; si saben que estando en su casa de San Luis de Loyola, recibió una carta de don Jerónimo que le pedía le acompañase a Santa Fe y de allí al puerto para llevar a su tía; si saben que recibiendo la noticia fue para Córdoba donde se apeó y posó en casa de Jerónimo, y que estuvo sin salir de la casa de su amo durmiendo pacíficamente la noche del 8 de septiembre de 1607, en que le dieron las heridas a Rodríguez de Ruescas.

Si el negro Pedro fue liberado o condenado no lo podemos saber, porque el pleito no tiene auto resolutorio; aunque no es difícil suponer que su antiguo amo, Jerónimo ejerció influencia sobre la decisión, así como lo hizo en la declaración de los vecinos y residentes que atestiguaron a favor del negro Pedro.[239] En cambio, la relación amo-esclavo tiene reglas diferentes. Para Bowser el ejercicio de castigar a los esclavos, es un derecho que defiende y ejerce vigorosamente el propietario. "El azote se halla en la base misma de las relaciones entre amo y esclavo, tal vez hasta el punto de ser aceptado como una rutina".[240]

Las ordenanzas de 1545 para el gobierno de la población africana en las Indias disponen sobre el control del esclavo considerado como un rebelde en potencia. "El esclavo debe de ser provisto de alimentación y vestimenta decente, y solo se le debe castigar por causa justificada. Por encima de todo debe ser cristianizado, y para este fin debe enseñarle la lengua española.[241] Sobre esto último, debemos señalar que otra forma de control, tal vez un poco más sutil, pero no menos efectiva, es la que desempeña la Iglesia a través de la cristianización. Para llevar a cabo esta misión, se crean cofradías o hermandades religiosas de los negros. Cada una de estas hermandades o cofradías tiene su santo patrono; "en ellas se dicen misas por sus miembros vivos o muertos, forman parte en las procesiones y festividades religiosas correspondientes, y sin duda proporcionaban a los negros afortunados pertenecientes a ellas, un sentimiento de bienestar espiritual y de mejor situación en la comunidad más amplia". Como

---

[238] A.H.P.C. Reg. 1, tomo 44, fol. 73r-v, del 10/2/1628.

[239] A.H.P.C. Esc. 1, leg 31, exp. 3, año 1613.

[240] Bowser, 1977, p. 289.

[241] Bowser, 1977, p. 280.

institución urbana está integrada por negros que gozan de una cierta posición: artesanos, comerciantes, sirvientes domésticos, entre otras personas de color, libre o esclava, con disponibilidad de tiempo y recursos económicos como para participar activamente de las actividades que realiza la cofradía; probablemente por estos requisitos es que la mayoría de ellos son esclavos ladinos y criollos.[242]

En Córdoba, el padre Diego de Torres de la Compañía de Jesús explica, en una carta del año 1613, que la primera y principal tarea en estas tierras es la instrucción religiosa. Para ello existen en la ciudad dos cofradías: una para los indios y otra para los negros, en cuya instrucción trabajan "los nuestros" todos los domingos. En esos días y en las fiestas, acostumbran a juntarse para la instrucción del catecismo y para oír el sermón. Luego se realizan los juegos populares, ejercicios a caballo, música y el banquete que a la hora de la comida ofrecen a los maestros en semejantes días de regocijo. Señala la importancia del trabajo de los ministros de la compañía, "...porque sus amos los abandonan por completo en lo espiritual, no tienen poco trabajo los nuestros en instruirlos. Ya su misma lengua es una dificultad, pues no entienden ellos bien ni la española ni las indígenas...".[243]

---

[242] Bowser, 1977, p. 307-310.

[243] Quinta Carta Anua del padre Diego de Torres, del año 1613 (citada en: Segreti, 1973, pp. 55-57).

5
Estructuración del espacio colonial a través del comercio

Las actividades de los hombres estructuran el espacio durante el transcurso del tiempo, afirma Josefina Ostuni. Para la autora estas actividades se encauzan espacialmente a través de rutas, por las cuales circulan flujos de personas, productos, capitales e informaciones, que surcan el espacio y lo organizan mediante circuitos y redes socioeconómicas. De este modo, la complejidad de la red conformada señala el nivel de organización del espacio. Dentro de este esquema, las ciudades son puntos o nudos hacia donde convergen flujos mercantiles; el volumen de estos diferencia la jerarquía de los centros.[244]

Algunos autores intentan explicar la estructuración del espacio colonial peruano, durante los siglos XVI y XVII, construyendo modelos de análisis basados en la circulación de flujos comerciales. Assadourian es el primero en concebir el espacio en función de los ritmos del complejo minero del Potosí. Este espacio económico llega a un alto grado de autosuficiencia e integración regional a fines del siglo XVI y durante todo el siglo XVII, vertebrado por los centros directrices del Potosí y Lima. Estos polos de crecimiento generan un efecto de arrastre sobre otros espacios económicos y geográficos originando un crecimiento regional polarizado. En base a esa

---

[244] Ostuni, 1992, pp. 74-76.

estructuración, zonas como Chile y Tucumán definen su articulación y ubicación jerárquica y espacial en relación con los polos.[245]

A su vez, Garavaglia formaliza un modelo de circulación para la región del Paraguay, zona marginal del virreinato del Perú. Este espacio, al igual que el de Chile y Tucumán depende de los ritmos y alteraciones del Alto Perú. Su modelo de circulación describe dos niveles: el primero hace referencia a la economía local con intercambios destinados al consumo y a la acumulación, casi totalmente desprovista de moneda metálica; y el segundo, implica una economía regional con circulación de mercaderías, aparición de moneda metálica y cambios en el mercado local con vistas a la acumulación.[246]

Glave, por su parte retoma dos ideas claves de Assadourian: el Potosí como motor de la economía colonial, y la producción y circulación del metal en el interior del espacio peruano concitando una amplia red de intercambio. Realiza un modelo espacial a partir del seguimiento de la producción para la circulación del vino y la coca, para definir el mercado que se desarrolla en el "espacio del trajín", ribereño al lago Titicaca. Este espacio es ordenado por el eje Potosí-Lima y articula las ciudades de Cuzco, la Plata, La Paz y Arequipa que a su vez organizan las regiones circundantes.[247] Siguiendo a los autores mencionados, analizaremos cómo la circulación de esclavos y de otras mercaderías asociadas entradas por el puerto de Buenos Aires contribuyen a estructurar el espacio cordobés.

5.1 Rutas y caminos

El eje estructurador de ese espacio es la ruta Buenos Aires-Potosí. La ciudad de Córdoba, por su posición geográfica, es un lugar neurálgico en la ruta; con sus producciones locales nutre a los trajines de esclavos y mercaderías que circulan por ella, asegurando a vecinos y residentes del distrito su inserción en los tráficos a larga distancia. Para comprender las rutas, los flujos y las redes socioeconómicas que el comercio de esclavos contribuye a dibujar en la jurisdicción de Córdoba, es necesario tener como marco de referencia el tráfico de larga distancia, en el que se inserta nuestro distrito. La ruta por la que discurre el comercio de esclavos que se dirige hacia el Río de la Plata, abarca grandes distancias y puede dividirse en dos etapas. La primera comprende el cruce del Atlántico hasta el puerto de Buenos Aires, y sus protagonistas principales son los mercaderes portugueses establecidos en Lisboa o Sevilla.[248]

---

[245] Assadourian, 1983, pp. 65-66.

[246] Garavaglia, 1983, p. 383.

[247] Glave, 1983, pp. 13-19.

[248] La necesidad de metales para la circulación monetaria en Portugal, lanza a esos comerciantes hacia las zonas negreras del África. Sobre el espacio marítimo Atlántico, los portugueses aprenden "todas sus leyes: vientos alisios, vientos del oeste corrientes marinas", el objetivo es vender los esclavos

5.1.1 Ruta transatlántica: de África al Río de la Plata

El punto de partida del tráfico de esclavos es la costa occidental del África. Esta se encuentra dividida en una serie de zonas o "contratos", dados por la Corona española en arriendo a particulares por un cierto tiempo, a cambio de una determinada suma.[249] Esos contratistas establecen acuerdos con traficantes para conseguir esclavos. En la zona de Guinea, tanto los bienes que circulan hacia el interior del África, como los esclavos llevados hacia los barcos, pasan por las manos de un grupo de traficantes conocidos como "tangomaos" o "lanzados", que viven cerca del puerto. En la zona de Angola los reclutadores de esclavos son los "pombeiros", negros o mulatos esclavos de plantadores blancos, que consiguen para sus amos la mercadería en el interior del África.[250]

Los cautivos procedentes del interior de África llegan en un estado deplorable; la escasa alimentación y las largas marchas desde lugares a centenares de kilómetros de la costa son la causa de esta situación. Una vez llegados al puerto de embarque reciben algunos cuidados para que se encuentren en mejores condiciones antes de partir, se les da alimento y aceite de palma para lograr una apariencia más saludable; a los enfermos se los separa del grupo y se los pone en cuarentena a la espera de su cura, y principalmente para evitar contagios.[251]

El embarque provoca gran confusión entre los esclavos. El africano abandona su tierra rumbo a un mundo desconocido, y la extraña ceremonia del bautismo aumenta sus temores.[252] Entre los cautivos corre el rumor que "los españoles se los llevan para comerlos o para hacer grasa con ellos.[253] Esta situación hace que algunos esclavos prefieran ahogarse saltando al agua. Es por ello que se toman medidas para evitar la huida: los esclavos son encadenados en

---

africanos y las mercaderías en el cerro potosino para procurarse de la plata (Mauro, 1989, p. 39; Piana, 1992, p. 142).

[249] Bowser, 1977, p. 53.

[250] Bowser, 1977, pp. 73-74; Mauro, 1989, p. 222. Mauro explica que los traficantes pueden conseguir negros de diferentes maneras: a través de la captura directa, mediante la negociación con jefes indígenas que venden prisioneros de guerra de otras tribus u opositores dentro de su misma tribu, y también algunos negros ante dificultades diversas se venden así mismos como esclavos.

[251] Los esclavos comprados son concentrados junto a los locales de embarque en "quibangas", barracones construidos por los carpinteros de los navíos negreros. Si el embarque se demora, los que tienen buena salud son puestos a trabajar la tierra (Mauro, 1989, pp. 222-223).

[252] El día anterior al embarque los esclavos son llevados a la iglesia o a la plaza del puerto y allí colocados en fila; un sacerdote tira sal en la lengua a cada esclavo y luego los salpica con agua bendita. Posteriormente por medio de un intérprete el sacerdote les dice: "Mirad que ahora sois hijos de Dios; vais a las tierras de los españoles, donde aprenderéis las cosas de nuestra Santa Fe. No penséis más en las tierras que abandonáis, y no comáis perro, ratas o caballos. Ahora id con buena voluntad" (citado en: Bowser, 1977, p. 76).

[253] Bowser, 1977, p. 77.

el cuello y los pies en grupos de seis y asegurados bajo cubierta, incluso en los puertos.[254]

Una vez embarcados comienza la larga travesía atlántica. En esta muchas veces hay hambre y enfermedad; en principio viaja un cirujano, o en el peor de los casos un barbero capaz de hacer una "sangría", y algún capellán que asegura las prácticas religiosas. Muchos no resisten, agotados por el tiempo de viaje, asfixiados por el hedor y diezmados por las epidemias que suelen desatarse a bordo. Las condiciones se agravan con frecuencia por el hacinamiento dentro de la nave. Los barcos negreros de la época son generalmente naves pequeñas, menores a 200 toneladas, en las que en ocasiones se transportan 600 esclavos o más. Los cautivos pueden hacer ejercicio y respirar aire fresco en la cubierta sólo en grupos reducidos y de vez en cuando, para aminorar las posibles situaciones de motín y suicidio a bordo.[255]

Los asentistas permiten a sus clientes traficantes cargar entre el 10 % y el 20 % más de las piezas autorizadas a transportar, porque saben que por malos tratos y hacinamiento un gran número de negros enferman y mueren durante la travesía. A este tipo pérdidas se suma el posible riesgo de naufragio de toda la tripulación.[256] De todos modos, para asegurar que la mayor parte de la carga llegue con vida al otro lado del Atlántico, los portugueses lavan la cubierta cada dos días "con vinagre malo"; cocinan "sancocho caliente para sus esclavos dos veces al día, una vez con frijoles africanos y la siguiente con maíz y todo bien cocido con una buena cucharada de aceite de palma mezclado, junto con un poco de sal y a veces un trozo de pescado seco en cada plato". A los enfermos se les da una ración diaria de papilla, y "un poco de mal vino". Además, se entregan telas viejas para vestirse.[257]

La travesía por el Atlántico tarda aproximadamente treinta y cinco días de Angola a Pernambuco, cuarenta a Bahía y cincuenta a Río de Janeiro, si todas las condiciones son favorables.[258] La mejor época del año para circular por la costa del Brasil se sitúa entre el inicio de octubre y el fin de abril, en el sentido Pernambuco-Bahía; mientras que los vientos del sudeste que soplan el resto del año favorecen la navegación en sentido contrario. Desembarcados en Brasil, los

---

[254] Mauro, 1989, pp. 115-121, 230.

[255] Los portugueses transportan las piezas de esclavos en "tumbeiros", naves que comúnmente son llamadas "ataúdes". En ellos viajan alrededor de 600 esclavos y tan solo de 10 a 12 europeos y ocasionalmente un intérprete negro (Bowser, 1977, p. 77).

[256] Bowser, 1977, p. 78.

[257] Bowser (1977, p. 79) Cfr. con Klein (1993, p. 22) quien opina que aún no se puede demostrar la relación entre número de esclavos trasladados y mortalidad en alta mar; y agrega que las lasas astronómicas de mortalidad en los barcos que transportan negros desde el África se debe más a brotes de sarampión y viruela, impredecibles por el capitán del navío, que al tiempo transcurrido en altamar, las condiciones de los alimentos o el agua, y las prácticas higiénicas a bordo.

[258] Mauro, 1989, p. 230.

esclavos son reunidos en campamentos donde reposan, se alimentan y se lavan para disimular su real estado de fatiga.[259]

Según Canabrava, Bahía, Río de Janeiro y Pernambuco ejercen una función de centro reexportador de productos manufacturados para el Río de la Plata. Los contrabandistas de Buenos Aires mantienen representantes comerciales tanto en Lisboa como en Brasil.[260] Otro tanto sucede con vecinos y residentes de Córdoba; por ejemplo, Pantaleón Márquez Correa y Luis de Abreu tienen como representante en Brasil al capitán portugués Vento Barboza, quien se encarga de llevar ropas y mercaderías que ambos vecinos le envían para comprar esclavos en África.[261]

Sin embargo, el tráfico de esclavos y mercaderías puede realizarse sin escala en Brasil. De hecho, existe una circulación directa entre Angola y el Río de la Plata desde inicios del siglo XVII. En este caso, los navíos parten desde el África en septiembre, la travesía dura aproximadamente de dos a tres meses,[262] llegando al puerto de Buenos Aires a comienzos del verano.[263]

La navegación por el Río de la Plata no es empresa fácil, la presencia de bancos de arena pueden provocar serias averías en las embarcaciones.[264] Entre ambas costas del río existen diferencias. La orilla esta "es alta, algo accidentada, con peñas y con una franja de agua inmediata a la costa bastante profunda, en la que se encuentran pequeñas islas e islotes"; en cambio, la ribera opuesta, donde se sitúa el puerto de Buenos Aires, carece de islas, es baja, inundable y con grandes playas, algunas cenagosas y llenas de juncos. Sus riberas tienen arroyos y afluentes que encierran múltiples accidentes y rincones, y abundan chacras y estancias a las que se puede llegar en pequeñas embarcaciones. Esta disposición geográfica es ampliamente aprovechada por navíos extranjeros que permanecen en la costa durante varios meses, en tanto establecen comunicación con Buenos Aires o con navíos españoles para comerciar.[265]

En la temporada de llegada de los navíos al puerto, Buenos Aires se transforma en un gran mercado con barcos de arribada o con licencia. Ante la ausencia de permiso, algunos barcos son denunciados y sus mercaderías

---

[259] Mauro, 1989, pp. 112-231.

[260] Canabrava, 1984, p. 121.

[261] A.H.P.C. Reg. 1, tomo 25, fol. 207v-227, del 13/10/1613.

[262] Mauro, 1989, pp. 236-111.

[263] En los despachos que se trasladan en las compraventas que se asientan en Córdoba, se observa que los barcos arriban de enero a marzo al puerto de Buenos Aires, con excepción de los que recalan en Brasil, que llegan a partir de abril. La época fuerte de remates en el puerto es en los primeros seis meses del año.

[264] Sobre el tema ver: Moutoukias, 1988, p. 23.

[265] Moutoukias, 1988, p. 23.

vendidas en almoneda pública, otros logran pasar ocultamente su mercadería; en estos últimos casos los esclavos no tienen despacho de remate para blanquear su entrada ilegal. El carácter esencialmente mercantil que distingue tan precozmente a Buenos Aires, sólo puede desarrollarse por el intercambio clandestino que lleva al puerto a aprovechar su situación geográfica de tránsito, intermediaria entre el Alto Perú y los centros exportadores de Portugal, Brasil y África.[266] Debido a la expansión minera del Potosí se estructura un circuito semiclandestino que vincula a Buenos Aires con este centro, Brasil y el Atlántico.[267]

A partir de la llegada al puerto comienza la segunda etapa del viaje, la ruta continental que une Buenos Aires con Potosí o con el reino de Chile. El camino terrestre que se inicia en el puerto tiene habitualmente como paso obligado a Córdoba. La ciudad se encuentra en una encrucijada de rutas: a partir de ella los caminos se bifurcan, hacia el oeste con destino a Santiago de Chile y hacia el norte en dirección al Potosí. Como punto de enlace y redistribución, la ciudad aprovisiona a los trajines de lo necesario para continuar la travesía. Ambas rutas son ejes vertebradores que estructuran el espacio sur del virreinato del Perú; esta organización espacial articula las ciudades que atraviesa y les da vitalidad junto a sus zonas de influencia.

5.1.2 Rumbo a Potosí

Para reconstruir la ruta Buenos Aires-Potosí tomamos como referencia los relatos del viajero Acárete du Biscay, quien la transita en 1658 y la información recogida en pleitos judiciales del A.H.P.C.[268] (Mapa 3). La ruta al norte tiene una extensión de 535 leguas. Acárete tarda 63 días en llegar a Potosí viajando a caballo y en muía. En cambio, las carretas tardan un año en hacer un "viaje redondo" Buenos Aires-Jujuy, última ciudad hasta donde pueden continuar con este medio de transporte. Las salidas deben regularse para evitar las lluvias más intensas en la pampa y las de verano en el noroeste que dificultan el cruce de los ríos. Así, los meses preferidos para viajar en la pampa son de agosto a noviembre, y las salidas desde Jujuy o Salta entre marzo y abril.[269]

---

[266] Canabrava, 1984, p. 189.

[267] Moutoukias, 1988, pp. 69-70.

[268] En esta reconstrucción de las rutas interiores fue de inspiración la lectura del texto de Leonard Irving (1992), quien reconstruye a través de crónicas de viajeros como fray Tomás de la Torre, Roberto Tomson, Francesco Gemelli-Carreri, Amadée Frézier y Alexander von Humboldt, los viajes y el encuentro con la vida cotidiana por distintos caminos de América Latina.

[269] Moutoukias, 1988, p. 31.

Mapa 3. Rutas del comercio de esclavos entre 1588-1640.
Fuente: elaboración propia en base a cartas de compraventa y expedientes judiciales del A.H.P.C.

Acárete du Biscay sale de Buenos Aires y toma el camino hacia Córdoba, dejando a su derecha Santa Fe. El trayecto es de 140 leguas[270] y como algunas partes de él son enteramente desiertas, se provee de un "salvaje" que le sirve como guía, además de tres mulas y caballos para llevar su bagaje y para cambiar en el camino. Cruza los ríos Luján y Recife, donde encuentra algunas granjas cultivadas por españoles; más allá del Recife y hasta el río Saladillo no divisa población alguna. El viajero nos cuenta que estos ríos, así como todos los de Buenos Aires, Paraguay y Tucumán pueden vadearse a caballo, excepto cuando las lluvias los "hinchan" por lo que deben cruzarse a nado o en una balsa.[271]

A partir del río Saladillo, Acárete no hace mención a ningún otro punto de la ruta hasta su llegada a la ciudad de Córdoba. Sin embargo, por el comentario de Concolorcorvo, sabemos que esa travesía es difícil; las 24 leguas que lo separan de la esquina de la guardia o paraje nombrado Carcarañá, "... no tiene más habitantes que una multitud de avestruces. En toda esta travesía no hay agua en tiempos de seca, pero en el de lluvias se hacen algunos posos y lagunillas a donde bajan a beber ganados cimarrones y caballerías de los pasajeros...".[272]

A partir del río Carcarañá el trayecto se hace menos dificultoso, pues los viajeros pueden encontrar provisión de agua y alimento. Este río se alcanza cerca del paraje Cruz Alta, donde cambia su nombre por el de Río Tercero. A este último se lo costea durante 12 o 15 leguas por la banda del oeste, tras las cuales se separan los caminos; por un lado, la ruta que conduce a Chile; y por el otro, el viajero se aleja del Río Tercero, en dirección norte, en busca de los ríos Segundo y Primero y sobre este último encuentra la ciudad de Córdoba[273] (Mapa 4).

Según Acárete, Córdoba es una población situada en una llanura agradable y feraz al lado del río. Está compuesta por cerca de 400 casas; el viajero percibe una ciudad rica en oro y plata proveniente del comercio de mulas con Perú y otras partes. Este tráfico hace de la ciudad la más considerable de la provincia del Tucumán, así por su riqueza y comodidades como por el número de sus habitantes, al menos 500 o 600 familias, además de los esclavos que son el triple.[274]

---

[270] Una legua equivale a 5 kilómetros y medio, según las medidas españolas.

[271] Acárete cuenta que él no sabe nadar, y que varias veces, cuando no encontraba vado para cruzar un río tiene que apelar a la ayuda del indio que va con él, quien mata un toro, le arranca el cuero lo llena de paja y lo enreda formando un gran envoltorio en el cual se coloca él con su bagaje; el indio nada hasta la otra orilla tirando con una cuerda el envoltorio (Leonard, 1992, pp. 120-121).

[272] Moutoukias, 1988, p. 26.

[273] Citado en Moutoukias, 1988, p. 26.

[274] El viaje de Acárete du Biscay de 1658 (Irving, 1992, p. 119).

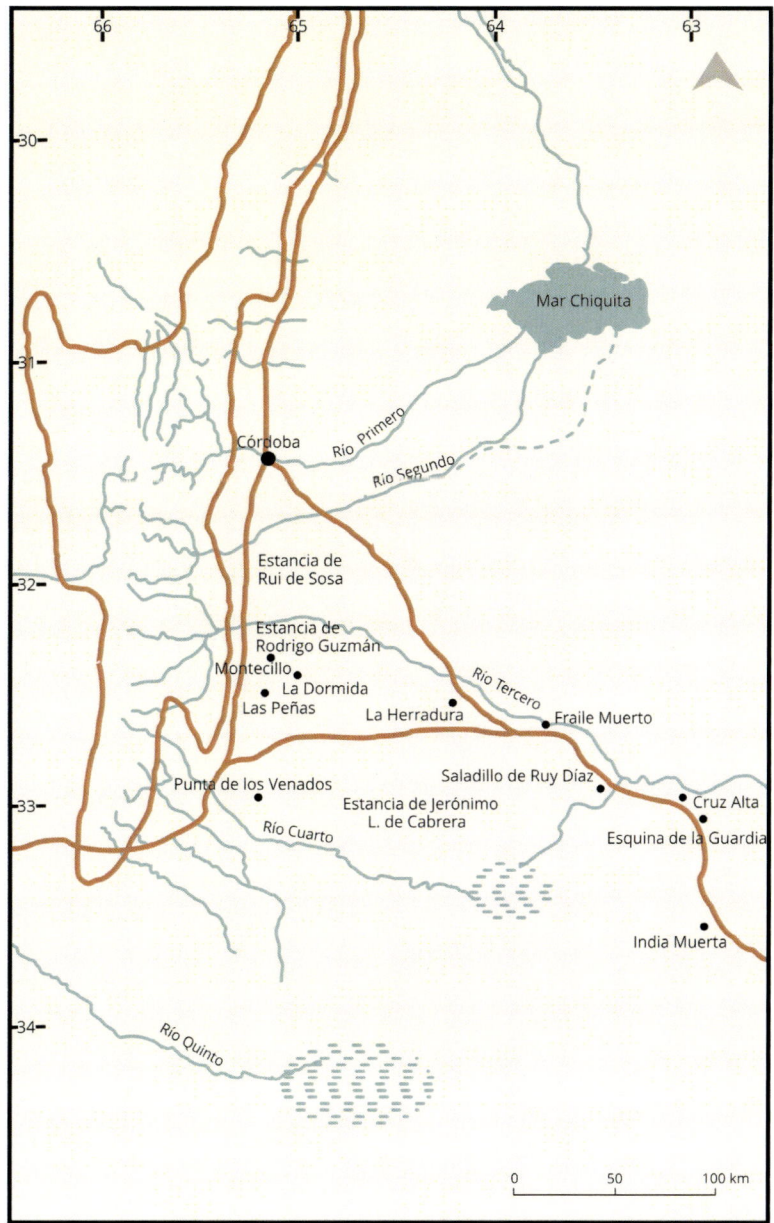

Mapa 4. Rutas comerciales en el distrito de Córdoba entre 1588-1640.
Fuente: elaboración propia en base a cartas de compraventa y expedientes judiciales del A.H.P.C.

A partir de Córdoba, la información referida a la ruta se enriquece por elementos contenidos en el diario de viaje de Pedro Torino.[275] Su relato nos proporciona datos sobre la duración, las dificultades y las provisiones necesarias para la travesía, no sólo hasta Potosí, sino inclusive hasta la ciudad de Lima.

El primer punto en el trayecto es la ciudad de Santiago del Estero. De Córdoba a Santiago del Estero existen 115 leguas. Al salir de Córdoba el camino bordea el pie de las sierras durante unos 20 km, antes de penetrar en ella. Cuando se dejan las sierras, el paisaje cambia al entrar en el borde seco del Chaco. Todo este territorio hasta Cachi, donde termina la jurisdicción de Córdoba, es un monte espeso, donde se encuentran haciendas y casas de algunos colonos. Más allá, las salinas y algunos ríos que desbordan su cauce, formando bañados, terminan de caracterizar a la región, probablemente la más difícil de atravesar.[276]

Torino permanece algunos días en Santiago del Estero para realizar trámites; allí compra maíz para alimentar a las mulas, "hierba" para tomar en el camino, carne y pan. Prosigue su viaje el 29 de diciembre de 1616; en el camino pasa por la estancia "Urona", donde se abastece de algunos huevos. Quince días más tarde, entra en la ciudad de Esteco, "rancherío de veinte vecinos y moradores"[277], donde compra un par de alpargatas para el indio Manuel que lo acompaña en el viaje, algo de carne, pan y agua. La creciente del río no le permite salir, y recién puede continuar su viaje veinte días más tarde. Desde aquí la ruta sigue en dirección norte alcanzando las ciudades de Tucumán y Salta a 40 y 120 leguas respectivamente; a través de las sierras subandinas, entra al sistema de valles y quebradas que dan paso a los altiplanos.[278]

Torino llega a la ciudad de Jujuy el 8 de febrero de 1617. Este es el último punto para aprovisionarse de todo lo necesario para transitar las 120 leguas que lo separan del Potosí. Además, debe cambiar de transporte, las mulas son el único medio que le permiten el difícil y desolado camino por la puna. Tramos de cuestas, trayectos a través de altiplanicies y cruce de cauces a vado, se suceden antes de llegar a Potosí.[279] Nuestro viajero llega el 7 de marzo a Potosí donde permanece poco más de un mes; a sus gastos de estadía y comida, se le suma el pago del flete de dos muías con sus respectivas cabalgaduras que le servirán para dirigirse hasta Arica. Para el "matalotaje" compra algo de azúcar, pan, carneros,

[275] A.H.P.C. Esc. 1, leg. 49, exp. 1, año 1616-1620. Pedro Torino es encargado por Doña Catalina de Avila y Zarate para cobrar los bienes de su difunto esposo. Parte de la ciudad de Córdoba el 20 de noviembre de 1616 con destino a Lima; el viajero confecciona un libro de gastos en la travesía para presentar a su regreso a la ciudad, y cobrar el flete a la viuda.

[276] Moutoukias, 1988, p. 28.

[277] Moutoukias, 1988, p. 29. La ciudad de Esteco desaparece como tal en 1692.

[278] Moutoukias, 1988, p. 29.

[279] Moutoukias, 1988, p. 30.

salchichas, longanizas y tocino. A partir de aquí continua su viaje solo, el indio Manuel enferma y decide dejarlo en Potosí para que le brinden cuidados.

Prosigue el viaje el 10 de abril hacia el puerto de Arica; la travesía dura 22 días. Antes de embarcarse rumbo a Lima el 6 de mayo, previo el registro y pasaje, repone antes de la partida sus víveres para el matalotaje con pan, carnero y tocino. Arriba al puerto del Callao ocho días más tarde, donde alquila un caballo para alcanzar la ciudad de Lima. Sus encargos lo llevan a permanecer 35 días allí. Por el pago de una deuda le entregan al negro Gregorio; en el regreso sus gastos aumentan por comida, aposento y pasaje en barco, para él y para el esclavo. Para emprender la vuelta compra varias mercaderías: bizcochos, pan, carnero, cuatro gallinas para que coma el negro Gregorio que está enfermo, una caja de carne de membrillo, "resquetes", dos quesos, pasas, camotes, una botija con miel seca y otra con vino, un barril, dos platos, dos escudillas y un jarro de barro; frutas, pescado y una petaca para guardar todo lo comprado.

El viajero pasa por las mismas ciudades a su regreso; en ellas compra lo necesario para su vuelta a Córdoba, en especial para el negro enfermo: una frazada, huevos y mazamorra. Después de nueve meses entra en la ciudad, luego de un año y cuatro meses de su partida.

5.1.3 Rumbo a Chile

Como señala Mellafe, la ruta continental es de gran importancia para el abastecimiento de Santiago de Chile; su auge se produce entre los años 1595 y 1610.[280] El camino que conduce desde Córdoba a Chile se abre a fines del siglo xvi. Apenas fundada la ciudad de Córdoba, se intenta abrir una vía de comunicación con las provincias de Cuyo, incluidas en aquel momento en la jurisdicción del reino de Chile. Luego de varias expediciones organizadas por los vecinos de la ciudad en 1580, queda abierto un camino que con rumbo suroeste tiene como destino la ciudad de Santiago de Chile. De este modo queda relacionado el reino trasandino con la ciudad de Córdoba, y con ella todo el Tucumán, e incluso Buenos Aires a través de la ruta que une a ésta con Santa Fe.

La comunicación desde Buenos Aires con Santiago de Chile y Cuyo se torna larga, pues debe pasar por Santa Fe y Córdoba; y a principios del siglo xvii se encuentra un nuevo camino hacia el oeste que bordeando los ríos Carcarañá y Tercero, toma rumbo al suroeste cruzando el río Cuarto; desde allí atraviesa las

---

[280] Según Mellafe: "no cabe duda que lo más importante de la corriente comercial de la ruta continental que entraba al reino de Chile son los esclavos negros". La demanda de esclavos entrados por esta ruta es cada vez mayor, no soló por la necesidad de trabajadores, sino por lo lucrativo del negocio para los comerciantes. La diferencia de precios es apreciable con los entrados por la ruta del Pacífico y ello entusiasma a todo aquel que cuenta con algún dinero para comprar esclavos entrados por Buenos Aires (Mellafe (1984b, p. 250).

sierras de Córdoba por quebradas hasta la ciudad de San Luis.[281] Una vez en esta ciudad, el camino se dirige hacia el río Tunuyan, que se bordea durante un tramo antes de tomar la dirección que conduce al noroeste hacia Mendoza. El viaje de Buenos Aires hasta Mendoza dura dos meses; y desde allí hasta Santiago de Chile casi ocho días. El cruce de la Cordillera es lento y peligroso, sólo se puede realizar desde noviembre a mediados de abril, por dos caminos: el valle de Uspallata y el Paso de las Cuevas llegando directamente a Santiago, o desde San Juan y por el Paso de los Patos, llegando a Valparaíso.[282]

El cruce de la Cordillera es toda una aventura. En 1605 el obispo de Santiago de Chile, fray Reginaldo de Lizárraga deja la siguiente descripción:

> … de estos dos pueblos (San Juan y Mendoza) se camina para el reino de Chile, por donde se pasa la cordillera nevada y si no se aguarda a que las nieves estén derretidas es imposible pasar so pena de quedarse helado. Lo alto de la cordillera que encumbramos, no tiene medio cuarto de legua llana (…) Para bajar ha de ser por una peña tajada y para subir lo mismo, tan tajada, que se pasa de esta manera: a pie con alpargatas para que no se deslice el pasajero, atadas a la cintura unas sogas, una delante de otra; tras la trasera tiene los que quedan atrás y van largando poco a poco, porque el que pase no resbale y dé consigo en el cóncavo del río, y pasando arrojan la soga delantera a los que están de la otra parte. Yo no pase por esta puente sino por otra, de madera que se había hecho un poco más arriba; (…) ya pasada la cordillera no hay animal ponsoñosos en todo lo descubierto de Chile y es tan limpia tierra, cuanto de las vertientes a Tucumán es Sucia. Desde esta puente a Santiago se camina en tres días ya por tierra apacible y fértil…[283]

A través de la descripción de las rutas del comercio de esclavos, hemos ido subrayando cómo las acciones humanas van imprimiendo sobre el espacio geográfico, las decisiones políticas, sociales o económicas en el período histórico que nos ocupa.

5.2 Entre huellas, carretas y caminos desusados

Las rutas continentales hasta aquí descritas no son más que huellas dejadas a su paso por las tropas de carretas y recuas de mulas. En realidad, "el camino está en quien viaja, en su aptitud para establecer el equilibrio más eficaz entre una variedad de elementos: pendientes, resistencia de los animales, pasos y rumbos

---

[281] Hacia fines del siglo XVI Las provincias de Cuyo se hallan dentro de la jurisdicción del reino de Chile y limitan por el oeste con la jurisdicción de Córdoba del Tucumán, mediante las sierras de Córdoba conocidas en aquel momento con el nombre de Cordillera de Chile (Borja de Flores, y Gould, 1978, pp. 4-11).

[282] Moutoukias, 1988, pp. 31-32.

[283] Citado en: Mellafe, 1984b, pp. 249-250.

adecuados, períodos de calor extremo o crecidas, etc., lo que implica detentar un saber que permita a los iniciados transformar en ruta una bella quebrada, el fondo de un valle con clima tropical serrano o la reiterativa llanura".[284]

Estas condiciones hacen comprensible la dificultad de cualquier órgano de gobierno para controlar la circulación de las rutas interiores. En el caso del espacio que analizamos, la función de control y vigilancia la ejerce la aduana de Córdoba. Aunque desde su instalación las carretas deben pasar por la ciudad para la inspección, algunos comerciantes apelan al "uso de caminos desusados", según lo expresan los pleitos sustanciados por contrabando de mercaderías y esclavos. Esos "caminos desusados" no corren paralelos a toda la ruta continental que venimos de describir. En realidad, sólo los hemos detectado en dos sitios: en el lugar de desembarco de los navíos en el Río de la Plata —ya mencionado en un capítulo anterior—, y en la zona del río Tercero en la Jurisdicción de Córdoba. No es casual que ambos "caminos desusados" se organicen en los dos puntos de control colonial sobre el contrabando: el puerto de Buenos Aires y la aduana seca de Córdoba.

Para el objeto del presente trabajo nos interesa este último punto, en la medida en que contribuye a estructurar el espacio del distrito. Como hemos señalado la ruta interior a partir del puerto de Buenos Aires tiene un trayecto común hasta el río Tercero; a partir de allí el camino se bifurca rumbo al norte y al oeste. Para esa zona, los pleitos por contrabando mencionan distintos parajes por los que transita el comercio ilegal: la Herradura, la Dormida, las Peñas, y ya cercano al río Cuarto la "Punta de los Venados".[285] En esos lugares se encuentran estancias de vecinos de Córdoba que aprovisionan y esconden carretas de contrabando; tales son los casos de una estancia "despoblada" cercana al río Tercero de Jerónimo Luis de Cabrera, la de Alonso López de Valdés, la de Guamacha perteneciente a Rui de Sosa a 10 leguas al sur de la ciudad de Córdoba, y la de Rodrigo Guzmán Coronado en el paraje del río Tercero a 20 leguas al sur de la ciudad[286] (Mapa 4).

En todos los casos señalados, se trata de vecinos que conforman la elite económica y política del distrito. Según indican los documentos, ellos orientan parte de su actividad hacia la producción para la circulación, mediante asentamientos rurales en la zona próxima al río Tercero. Los flujos mercantiles señalan que esa inversión es rentable.

---

[284] Moutoukias, 1988, pp. 21.

[285] A.H.P.C. Esc. 1, leg. 60, exp. 5. año 1627; leg. 56, exp. 7, año 1623-24 y reg. 1, tomo 42. fol. 347r-v, del 8/11/6127.

[286] A.H.P.C. Esc. 1, leg. 56. exp. 7, año 1623-1624; leg. 56, exp. 8, año 1623-1624; leg. 60 exp. 6, año 1628.

5.2.1 Producción para la circulación

Las mercaderías de importación, los productos locales, los hombres y los capitales requieren de la organización de fletes para circular por las rutas del espacio virreinal a través de medios de transportes. Según el espacio por el que se desplace el fletero, los medios varían: barcos, carretas, caballos o mulas. Desde fines del siglo XVI, algunos vecinos encomenderos de Córdoba comienzan a desarrollar una infraestructura de transportes destinada a sostener esos trajines. Esta infraestructura está dirigida en un comienzo a movilizar los excedentes de la producción local, y su crecimiento se estimula por la amplia circulación de mercaderías que genera la ruta Buenos Aires-Potosí.

La organización del sistema de fletes permite la circulación de la producción del distrito y de mercaderías de importación, principalmente esclavos, y además garantiza la participación activa de los vecinos en los circuitos mercantiles de larga distancia. Los recursos necesarios para sostener el trajín son proporcionados por los productos de las encomiendas: carretas, bueyes, indios para su cuidado y conducción durante el viaje, sebos, coyundas y cueros. Cuando se trata de un flete de esclavos, el trajín requiere una abundante provisión de insumos para el viaje: comida y textiles para la vestimenta de los negros.[287]

Los precios de los fletes para transportar esclavos, varían según las distancias a recorrer, la cantidad de piezas a transportar y los insumos necesarios. Por el traslado de esclavos desde Angola a Buenos Aires en el navío San Antonio, Francisco García de Frías, vecino del Potosí, paga 1300 pesos al piloto Pedro Martín.[288] El precio del flete desde Buenos Aires hacia Córdoba, oscila entre 20 y 30 pesos por carreta. Antonio de Mendoza debe pagar 20 pesos por el alquiler de una carreta con un indio y cuatro bueyes para trasladar siete esclavos entrados por el puerto.[289]

Desde Córdoba se contratan trajines para distintos puntos del espacio virreinal, los mismos pueden partir desde Buenos Aires o desde la ciudad de Córdoba. En 1597, Tristán de Tejeda concierta con el capitán Vasco Pinto, factor general de los esclavos en el puerto de Buenos Aires, el siguiente flete: Tejeda debe poner en Buenos Aires, para Navidad durante varios años, 25 carretas con bueyes e indios, a 150 pesos cada una; 1000 varas de sayal para vestir a los esclavos y el alimento para el viaje hasta el Potosí. Pinto coloca en cada carreta 10 esclavos para llevarlos a Jujuy, donde seguirán el camino en mulas o a caballo hacia el Potosí. Ocho meses después, Pinto pagará el flete a Tristán de Tejeda.[290]

---

[287] Piana, 1992, p. 199.

[288] A.H.P.C. Reg. 1,tomo 16, fol. 338 r-339r, del 15/4/1604.

[289] A.H.P.C. Esc. 1, leg.11, exp. 4, año 1595-1601.

[290] A.H.P.C. Reg. 1, tomo 9, fol. 117v.-.119v, del 22/4/1597.

Ese mismo año, Lope Vázquez Pestaña vecino de Córdoba, y sus socios Fernando Jaramillo y Juan Nicolás del Corro traen esclavos por el puerto de Buenos Aires y en Córdoba contratan el flete para llevar a vender las piezas a Potosí. A Miguel Rodríguez, mercader residente de la ciudad, le compran 16 caballos y 5 aparejos por 380 pesos a pagar en un seis meses en Potosí; al vecino Pedro de Soria comida y sayal para alimentar y vestir a los esclavos por 250 pesos a pagar en navidad de ese año.[291]

Veamos el precio de un flete a un punto intermedio dentro del circuito comercial Córdoba-Potosí. El vecino de Córdoba Rodrigo de Guzmán Coronado, fleta 6 carretas aviadas con bueyes e indios y con todo lo necesario para llevar esclavos desde Córdoba a la ciudad de Esteco a 72 pesos cada carreta, en total 432 pesos.[292]

Ahora bien, para trasladar esclavos a la ciudad de Santiago de Chile, el vecino de Córdoba Pedro de Soria organiza el siguiente flete para Miguel Suárez: para ir de Córdoba a la ciudad de Mendoza le proporciona 9 carretas con bueyes, indios y un español que entienda y dirija las carretas. En Mendoza le dará 15 caballos de carga para cruzar a Chile y 25 vacas para el mantenimiento. El total por el flete es de 487 pesos a pagar en Chile, 30 días después de llegar.[293]

5.2.2 Circuitos y redes socioeconómicas

Por las rutas que estructuran el espacio sur del virreinato del Perú circulan hombres que movilizan mercaderías y capitales que, transportados en fletes, surcan el espacio y lo organizan de una manera particular. Ese movimiento podemos observarlo a través de los flujos de circulación comercial.

Durante los siglos XVI y XVII vecinos, residentes, comerciantes portugueses y religiosos de la jurisdicción de Córdoba se desplazan, a través de los caminos del espacio regional. En su trajinar llevan y traen productos locales, metálico y mercaderías de importación. Entre estas últimas encontramos principalmente esclavos africanos, que generalmente están asociados a manufacturas europeas o procedentes del Brasil. Veamos algunos casos. En 1603 Antón Pérez transita la ruta entre el puerto de Buenos Aires y Córdoba, trayendo en tres carretas negros y

---

[291] A.H.P.C. Reg. 1, tomo 9. fol. 248v- 249r, del 20/8/1597 y fol. 271 r-v, del 26/8/1597.

Debemos aclarar que el caballo es utilizado como medio de transporte en los primeros contactos comerciales de los vecinos del distrito con el Potosí. Sin embargo, Assadourian afirma que este animal no es el apropiado para los caminos angostos y ríspidos de la zona andina y por ello se impone como solución ideal el uso de muías; y agrega que Córdoba aprovecha la ausencia de un transporte adecuado para el volumen de circulación del eje Lima-Potosí para impulsar a partir de 1610 la exportación de muías hacia ese destino (Assadourian, 1983, p. 37).

[292] A.H.P.C. Reg. 1, tomo 40, fol. 46 r-v, del 12/4/1624.

[293] A.H.P.C. Reg. 1, tomo 13, fol. 162v.-165v, del 11/7/1600.

algunas "menudencias". En el paraje de la "India Muerta" es visitado por Diego de la Calzada, alcalde de la Santa Hermandad de Santa Fe, quien inspecciona el flete encontrando cuatro esclavas negras con despacho e innumerables mercaderías: telas de lino, de rúan, de seda, de holanda, hilos de colores, cintas de gamuza y de seda, algunos peines, agujas de acero para costales y una para reloj, frascos de vidrios, espejos, tijeras, candados con sus llaves grandes, cajuelas de Flandes, un tacho de cobre y olla con su "tapadera", resmas de papel, frasco de vidrio con vino, entre otras cosas.[294]

Del mismo modo, el padre de la Compañía de Jesús, Nicolás Duran, es visitado en el río Tercero por los oficiales reales de la aduana de Córdoba; en las treinta carretas que forman el convoy vienen 37 religiosos provenientes de España, 10 fardos de paño, otros tantos de lienzo, 12 cajones de libros, 6 cajones de "bultos de imágenes", 6 barriles de aceite, 2 cajones de cera y 10 cajas de ropa blanca, camas y "matalotaje". Además de estas mercaderías los religiosos traen 3 criados y 14 esclavos negros.[295]

Cuando los esclavos son llevados a vender al Potosí van asociados además a diferentes productos locales según la coyuntura que atraviesa el distrito. De esta manera, a partir de 1620 los esclavos y las mulas son mercaderías que habitualmente van asociadas para su venta. Veamos algunos casos. En 1634, Francisco del Barco se obliga a pagar a Juan de Escobar 2 865 pesos por mulas chúcaras y algunos esclavos; la deuda será saldada en siete meses en la ciudad de Potosí. Del mismo modo, Francisco Martínez Vaeza compra ocho esclavos y 350 mulas por 3444 pesos al sargento Miguel de Ardiles, y se obliga a pagar en un año en la ciudad de Córdoba o en Potosí, hacia donde se dirige el comprador.[296]

Como ya hemos mencionado, los hombres en su trajinar circulan con mercaderías y capitales en dinero metálico. Así es como el vecino de Santiago de Chile, Juan González Cardoso, conduce 15 piezas de esclavos para entregar en Santiago de Chile y 198 pesos corrientes para entregar en Mendoza.[297] Debemos recordar que en ese comercio donde continuamente se asocian esclavos y otras mercaderías locales o de importación, es en el rubro "esclavos" donde se obtienen las mayores ganancias por sus montos y por el seguro acceso al metálico.

Los circuitos dibujados por el comercio de esclavos y las mercaderías asociadas a él, señalan la forma en que se estructura el espacio del distrito. Estos son representados en la Ilustración 2, mediante líneas que unen distintos lugares

---

[294] A.H.P.C. Esc. 1, leg. 31, exp. 2, año 1603.

[295] A.H.P.C. Esc. 1, leg. 57, exp. 14, año 1628.

[296] A.H.P.C. Reg. 1, tomo 49, fol. 237v-238r, del 3/11/1634 ; y fol. 220r-221v, del 14/11/1634.

[297] A.H.P.C. Reg. 1. tomo 50, fol. 292r-v, del 19/12/1638.

en África, Brasil, el Río de La Plata, así como las ciudades del Tucumán, Chile, Potosí y Lima. Por los circuitos circulan flujos de diversos grados de intensidad con esclavos, mercaderías y capitales.

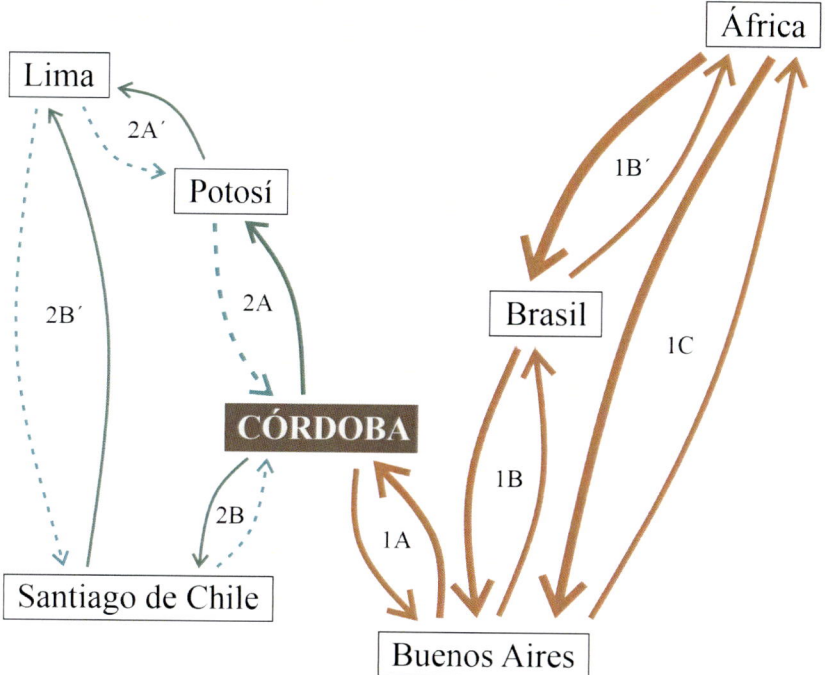

1- Circuito de aprovisionamiento
2- Circuitos de redistribución
---- Retorno del circuito en mercaderías y metálico

Ilustración 2. Circuitos comerciales a partir del comercio de esclavos entre 1588-1640. Fuente: elaboración propia en base a cartas de compraventa y expedientes judiciales del A.H.P.C.

Los circuitos del comercio a larga distancia se conocen a partir del registro de compañías y poderes asentados en los protocolos notariales de Córdoba que incluyen esclavos en sus transacciones. Es necesario recordar que este análisis es provisorio y debe ser contrastado con investigaciones que incluyan la información de los repositorios documentales de otros lugares por donde se desarrolla la ruta.

El primer circuito de aprovisionamiento de esclavos por parte de los vecinos y residentes de Córdoba se inicia en la misma ciudad y se dirige rumbo a Buenos Aires, Brasil o África. El encargado de la compra parte con productos de la tierra y/o metálico para proveerse de esclavos y mercaderías.

Este primer circuito de aprovisionamiento incluye distintas variantes según la plaza donde se obtengan los esclavos. La primera variante (1-A) tiene como punto de destino el puerto de Buenos Aires; la segunda (1-B) pasa por el puerto y se dirige a la costa de Brasil, o bien recala en ella para proseguir hacia el África (1-B); y la tercera (1-C), desde Córdoba se dirige directamente a la costa occidental del África, embarcando en el puerto de Buenos Aires.[298]

Los esclavos obtenidos en algunos de estos circuitos de aprovisionamiento pueden ser vendidos en el puerto de Buenos Aires, o bien derivados a la ciudad de Córdoba. Una parte del contingente queda para el mercado local y el resto inicia los circuitos de redistribución. El primero de ellos tiene como destino la ciudad de Potosí (2-A),[299] desde donde puede seguirse hacia la ciudad de Lima (2-A'). El segundo, va hacia la ciudad de Santiago de Chile (2-B)[300] y en algunas ocasiones allí se prosigue por mar hasta Lima (2-B').[301]

---

[298] En las compras efectuadas directamente en Angola, observamos distintas formas de pago: en 1594 se manda a comprar esclavos con 800 varas de sayal; en 1598 en esté mismo lugar se invierten 12 000 pesos de plata en la compra de esclavos, y, en 1604, para citar otro caso, se compran esclavos a cambio de tocino, cecina y harina. (A.H.P.C. Reg. 1, tomo 7, fol. 243r-245r. del 31/12/1594; tomo 10, fol 149r-150v, del 14/3/1598 y tomo 17, fol. 70r-71r, del 22/6/1604).

[299] En fecha tan temprana como 1593 se inicia el circuito Córdoba-Potosí, constantemente utilizado durante todo el período estudiado y el más importante por la intensidad de los flujos que circulan a través de él, por la cantidad de esclavos como por el metálico que retorna a cambio.

[300] Según Mellafe, el circuito a Chile se inicia en 1595, y tiene su auge hasta 1615 (Mellafe, 1984b, p. 250); sin embargo, en la segunda década se registran ante los escribanos de Córdoba, cinco compañías comerciales que tienen como objetivos llevar mercaderías y esclavos con destino al reino de Chile, ausente en los años posteriores este circuito se vuelve a mencionan en el año 1638 en que se forma una compañía para llevar 15 piezas de esclavos a Santiago (A.H.P.C. Reg. 1, tomo 50, fol. 292r-v, del 19/2/1638).

[301] Debemos mencionar que en la década de 1630 encontramos dos compañías que tienen como destino Paraguay. Las mismas no permiten hablar de un nuevo circuito de redistribución, pues usualmente esa región se abastece por Buenos Aires, vía Santa Fe. La primera de esas compañías tiene su origen en la vía pacífica, y recalando en la ciudad de Santiago de Chile, pasa por Córdoba y se dirige rumbo a Asunción. La segunda, parte directamente desde Córdoba, pasa por la ciudad de Santa Fe y llega hasta Asunción.

En 1637 pasa por la ciudad de Córdoba Francisco Valderramas y Jerónimo Niño de Aguilar y asientan ante escribano la memoria de una compañía . Las mercaderías que llevan a vender a Asunción son las siguientes: telas, mantones, cintillas, agujas, hilos de oro y plata, tintura negra de México, botones, manteles, servilletas," raja negra de Ávila", vestidos, cintillo de oro con perla, resmas de papel, zapatos, paño de Quilo, cuchillos, hachas, terciopelo negro, seda mixteca, ropas de hombre y de mujer, mantas de indio; lienzo de algodón, vasos y jarras de vidrio, "acero", azadones, tijeras, candados, cuatro negros (A.H.P.C. Reg.1, tomo 49, fol. 325r-335v, del 9/26/1637).

En 1639 se registra otra compañía con destino a Asunción entre Hernandarias de Saavedra y Juan Martín de Herrera; de Córdoba parte Juan Martín de Herrera con: 200 varas de lienzo, 48 varas de tafetan, 15 pares de medias de seda, 11 varas de "samarquillo", 125 varas de cordelete y bayeta, 2 libras de listones, 25 varas de paño de Quito, 20 cordobanes, 37 varas de cordelleta azul, media resma de papel, 81 varas de jerga, 7 sombreros, 38 cuchillos de carniceros, 8 arrobas de jabón, todas estas mercaderías montan 1215 pesos a lo que se debe sumar el precio de dos esclavos que Pedro de Rojas

Durante el período en estudio los circuitos de aprovisionamiento y redistribución no mantienen un flujo constante. En la década de 1630 a 1640 se observa una disminución en el comercio de esclavos, especialmente en la ruta que se dirige hacia Potosí. Sus causas las debemos buscar en el cambio en la orientación económica del distrito que envía ahora más mulas que esclavos; y también en el efecto de las guerras calchaquíes sobre la circulación de los trajines. La elección de un circuito u otro para comprar o vender esclavos depende de diversos factores: la variación del precio de la mercadería en plaza, la evaluación de los posibles riesgos del viaje, el monto con que se cuenta para invertir en el negocio, las ganancias y las posibles reinversiones. Por ejemplo, en 1602, Pantaleón Marques Correa y Luis de Abreu, vecinos de Córdoba, organizan una compañía. Correa viaja al reino de Angola donde compra 118 piezas de esclavos que entran por el puerto de Buenos Aires bajo el asiento de Pedro Gómez Reynel; Abreu los conduce hacia Córdoba, donde los alberga en su casa. Aquí se informan de que en Potosí los esclavos tienen poco valor y considerando las costas del viaje y el riesgo de muerte de los negros, deciden llevarlos por el reino de Chile a vender a la Ciudad de los Reyes en Perú. En esta ciudad se venden los esclavos y con lo precedido invierten cierta cantidad en la compra de telas de Castilla y ropas; una parte es vendida en la tienda que ambos poseen en la ciudad de Córdoba y otra es enviada al capitán Vento Barbosa, residente en Río de Janeiro, para pagar un nuevo lote de esclavos que éste debe traer para su comercialización.[302]

5.2.3 Lugares, rutas y flujos

Hasta aquí hemos visto cómo se estructura el espacio a través de lugares, rutas y flujos. Esa circulación de hombres, mercaderías y esclavos describen circuitos que sólo podremos entender por la conformación de redes socio- económicas que humanizan el espacio y le dan una dinámica especial. El conjunto de relaciones sociales y productivas que articulan este espacio se produce a diversas escalas geográficas; en cada una de ellas, son los actores sociales participantes del comercio a larga distancia quienes tejen complejas relaciones a través del tiempo.

Ahora bien, "afirmar la vinculación entre sociedad y espacio supone aceptar que éste nunca es neutro, sino que se muestra como un campo de fuerzas en el que se confrontan las estrategias convergentes o divergentes de personas y grupos". El espacio percibido de este modo permite vincular la experiencia vital

---

compró en el puerto de Buenos Aires y que Herrera debe pasar a buscar por la ciudad de Santa Fe. Todo esto debe ser vendido en Asunción y con lo procedido comprar yerba, azúcar, tabaco y miel y otros géneros (A.H.P.C. Reg. 1, tomo 50, fol. 373v-375r, del 27/7/1639).

[302] El testamento en: A.H.P.C. Reg. 1, tomo 25, fol. 207v- 227r, del 13/10/1613; y el finiquito de compañía en: Reg. 1, tomo 35, fol. 190r-237r, de febrero de 1620.

y la información de que disponen individuos y grupos, poniendo en evidencia relaciones difíciles de visualizar.[303]

El comercio de esclavos implica una red muy aceitada en la que participan numerosas personas. El comercio a larga distancia requiere de contactos en el puerto de Buenos Aires, punto de arribo de las mercaderías implicadas en el tráfico. Carecer de estos contactos conduce a dificultades, tal como lo indica el pleito que Domingo Suarez, vecino de Córdoba, entabla contra Pantaleón Marques Correa por la propiedad de tres esclavos.

Suarez encarga a Antonio Pedraza la compra de tres esclavos negros en el Brasil; al llegar al puerto de Buenos Aires, Pedraza no encuentra ningún administrador de Suarez que pague la fianza en la aduana, y encarga los negros a Pantaleón Marques Correa para que los entregue a Domingo Suarez o a su amigo Diego de Vega. Sin embargo, Marques Correa paga los derechos de aduana y una fianza por los negros y se los lleva a Córdoba como suyos; al parecer no tiene intención de devolverlos a Suarez.[304]

La conformación de una red de relaciones socioeconómicas y la identificación de los actores que participan en ella no es una tarea fácil. Como una primera aproximación seguiremos las relaciones que desde Córdoba entabla Lázaro de Matos, portugués avecindado en la ciudad y fuerte comerciante en la trata. En Buenos Aires, Matos tiene como contacto comercial a Diego de Vega, portugués afincado en el puerto, quien en combinación con Francisco de Barrios, en Brasil, y Ventura de Frías, en Lisboa, forman un poderoso triángulo comercial, prácticamente dueño del tráfico negrero del Atlántico Sur.[305] Este contacto en el puerto es importante para Matos, pues le asegura la provisión de esclavos y mercaderías. No obstante, Matos tiene sus propios contactos en Brasil, ya que en un pleito sustanciado en Córdoba en 1613 contra Pantaleón Marques Correa, aparece como apoderado de Domingo López Carnedo, mercader de la costa brasilera.[306]

Las compañías y poderes en los que figura nuestro vecino, indican que Matos se asocia con otros vecinos de Córdoba para sus tratos a larga distancia; entre ellos Manuel Méndez, con quien se asocia en 1614 para llevar 12 esclavos a Potosí;[307] y dos años más tarde da poder Pablo de Acuña para que le venda 17 esclavos en la misma ciudad.[308]

---

[303] Méndez 1992, pp. 12-17.

[304] A.H.P.C. Esc. 1, leg 12, exp. 8, año 1601.

[305] Citado en: Assadourian et al., 1986, p. 107.

[306] A.H.P.C. Esc. 1. leg 30, exp. 8, año 1613.

[307] A.H.P.C. Reg. 1, tomo 26, fol. 131v-134v, del 25/8/1614.

[308] A.H.P.C. Reg. 1, tomo 30, fol. 131r-133r, del 26/5/1616.

En 1619 sus negocios lo llevan a relacionarse con Gonzalo Ferreira de Aporte, vecino del reino de Chile, con quien realiza una compañía para comprar esclavos en el puerto de Buenos Aires.[309] Las relaciones que nuestro vecino construye se sustentan en la confianza y la amistad, que van más allá de los poderes que pueda otorgar a una persona determinada. Para cobrar las ganancias de la compañía que ha realizado hace dos años con Ferreira, Matos da poder a Juan de Silva, vecino de Santiago de Chile. Y es aquí donde vemos en funcionamiento el sistema de relaciones sustentadas en la confianza. Las instrucciones de Matos en el poder son variadas y abarcan una amplia gama de contingencias: en caso de que Silva no venga este año de Chile, debe enviar la plata con los padres de la Compañía de Jesús que viajan antes de que la Cordillera se cierre; si esto no es posible, debe enviarlo con cualquier persona "fiable que venga a estas partes"; en caso de que Silva realice el viaje a Córdoba debe entregar la plata a Matos o a Alonso Nieto; y si Juan de Silva se dirige directamente a Buenos Aires sin pasar por Córdoba, debe entregar el dinero a Diego de Vega o a Antonio Sarea.[310]

En 1621, encontramos a Matos involucrado en un nuevo negocio, esta vez asociado al vecino de Córdoba Rui de Sosa. Lo interesante es que la sociedad compra esclavos en el puerto no sólo a Diego de Vega, sino también a Domingo de Madereyra y Antonio López. Las 54 piezas compradas por la compañía serán llevadas por Rui de Sosa a Potosí. Matos aprovecha el viaje al norte y entrega a su socio un poder para que le cobre cierta plata que Alonso Medina le debe y que su contacto en aquel lugar, Lázaro de Marmani, le ha cobrado por vía judicial.[311]

En este capítulo hemos considerado al comercio de esclavos como uno de los factores que ayuda a estructurar el espacio del distrito de Córdoba. Esa actividad económica se encauza a través de los caminos que hemos descrito geográficamente. Las rutas de los trajines se transforman en los ejes estructurantes del espacio a través de los cuales circulan esclavos y mercaderías asociadas, hombres que los transportan, y capitales con que se compran o venden los esclavos. Los circuitos económicos que dibujan se sustentan en las redes socioeconómicas.

---

[309] A.H.P.C. Reg. 1, tomo 34, fol. 236v-241v, del 11/10/1619.

[310] A.H.P.C. Reg. 1, tomo 37, fol. 86r - 87v, del 23/10/1621.

[311] A.H.P.C. Reg. 1, tomo 37. fol. 20r-24r, del 22/8/1621.

6
Conclusiones

En las páginas precedentes hemos intentado caracterizar el comercio de esclavos que se desarrolla en el distrito de Córdoba desde fines del siglo XVI y hasta mediados del siglo XVII. Indudablemente, en el marco general de la trata de esclavos en la América colonial hispánica, nuestro tema abarca un espacio y un período reducido. Pese a estos límites, creemos que es significativa la incidencia del comercio de esclavos en la estructura colonial de la región; y que este aporte puede contribuir a la temática general del comercio de esclavos en América.

En primer lugar, el distrito de Córdoba, como zona marginal del virreinato del Perú en aquel entonces, es un eslabón dentro del comercio a larga distancia y reproduce condiciones generales de la trata en Hispanoamérica, tales como la fuerte dependencia de los comerciantes portugueses que dominan el comercio y la navegación en el Atlántico Sur; necesidad de utilizar redes socioeconómicas geográficamente amplias; precios acordes a su ubicación en la ruta de la trata; y formas de pago propias del comercio a larga distancia.

El comercio de esclavos en el distrito de Córdoba, también está determinado por los rasgos de la estructura económica colonial local, la cual se caracteriza por una fuerte dependencia del comercio que ingresa por el puerto de Buenos Aires. Este era el único punto de entrada de las piezas que se comerciaban, tal como lo indicaban los constantes reclamos de los vecinos solicitando su apertura, las consecuentes contradicciones entre permisiones y prohibiciones y el fuerte contrabando que se realizaba a través de él. Asimismo, por su situación geográfica, el distrito de Córdoba ejerce la función de plaza de redistribución regional en el comercio de esclavos, uno de cuyos polos de atracción es el centro consumidor del Potosí.

La importancia del comercio de esclavos en el mercado local, está dada por los montos que movilizan y por la casi exclusiva utilización de metálico en las transacciones, rasgos que no son propios de otros productos comercializables. Así, tanto si es pago en contado como en metálico, la trata revela una cierta estabilidad económica en el distrito y también deja entrever que los vecinos y residentes, apropiados del lugar, pueden establecer vínculos y redes que trascienden los espacios locales.

Si bien son muchos los interesados en participar en las compraventas de esclavos que se conciertan en el distrito, las inversiones locales tienen el lugar más destacado en el conjunto, en la medida en que el rubro asegura un rápido plazo de reposición de capitales (por la incidencia de los pagos al contado y en metálico), las ganancias que se obtienen, y la continua reinversión de esas ganancias en los circuitos de corta y larga distancia.

Dentro de los grupos locales que participan de la trata, el lugar más destacado lo ocupan los vecinos, especialmente los encomenderos, quienes constantemente aparecen en la documentación asociados a los comerciantes portugueses, estableciendo redes mercantiles de asombrosa amplitud geográfica.

Los otros grupos locales, que movilizan montos menores (residentes y religiosos), si bien tienen una participación activa en el comercio de esclavos local, no llegan a destacarse en el comercio a larga distancia como los vecinos feudatarios. Indudablemente en esto inciden los recursos que maneja cada uno de los grupos, sobre todo si tenemos en cuenta que, en el caso de los encomenderos, están en condiciones de sostener la producción para los trajines tanto desde y hacia el puerto de Buenos Aires como a Potosí o Santiago de Chile. En las diferentes alternativas por las que atraviesa el comercio de esclavos en el distrito de Córdoba en el período en estudio, podemos señalar tres coyunturas que se destacan: por un lado, el descenso que se inicia a partir de 1620 en el comercio de esclavos, como consecuencia de la desaceleración de la actividad portuaria y del cambio de orientación económica de la jurisdicción; por otro lado, el control que ejerce la aduana seca de Córdoba (1624), que más que frenar el contrabando, lo pone en evidencia; y finalmente, la incidencia de las guerras calchaquíes en los circuitos comerciales de estas regiones.

En segundo lugar, las características de los esclavos que se comercializan en la jurisdicción de Córdoba, reproducen en líneas generales las que los especialistas han señalado para otras regiones de la Hispanoamérica colonial: existencia de una mayoría de negros bozales procedentes de Angola; incidencia del sexo masculino en edad económicamente productiva, en relación a las regiones centrales del virreinato; y aparición tardía del mestizaje, que se dibuja con claridad recién a partir de 1620. En este apartado es necesario señalar que las fuentes no proveen de información suficiente para abordar el tema del crecimiento vegetativo de la población esclava del distrito. No obstante, si la brindaron en relación a la inserción en el ámbito de trabajo de los esclavos que se quedaban en la jurisdicción y que está acorde con las actividades productivas de la región, tanto en el espacio urbano como en el rural. Si bien en el período en estudio se observa un descenso abrupto de la población indígena, las fuentes consultadas no proveen una información precisa sobre el grado de sustitución de la mano de obra aborigen por el trabajo esclavo. Paralelamente, existe un grupo reducido de esclavos huidos que marcan los comienzos del cimarronaje en la jurisdicción.

Finalmente, cabe señalar que las rutas de los trajines del distrito que hemos descrito, se van conformando desde fines del siglo xvi como ejes estructurantes del espacio, y las formas mercantiles del comercio de esclavos con sus amplias redes socioeconómicas señalan un importante nivel de organización para un distrito que, si bien ha sido considerado marginal, revela una configuración espacial dinámica ya en el período colonial temprano. Esta queda al descubierto por el origen de la información misma emanada de documentos notariales resguardados desde el interior del territorio y no desde un lugar más central como era el puerto. Asimismo, las decisiones políticas, sociales y económicas tienen siempre presente la importancia del comercio de esclavos en el distrito. Esto es así porque, tal vez más que ningún otro rubro comercial de la época, la trata de esclavos requiere de una infraestructura para el trajín que convoca personas, capitales, medios de transporte, sustento y vestido para las piezas fletadas; a lo que debemos agregar sus ganancias, las posibilidades de reinversión y el acceso directo al metálico. En este sentido, creemos que no fue aventurado afirmar que el comercio de esclavos contribuyó a estructurar el espacio cordobés, al definir los circuitos y las redes socioeconómicas.

6.1 Reflexiones finales

A treinta años de esta conclusión agregamos algunas reflexiones que no solo valorizan los aportes metodológicos del trabajo, sino que también ponen de relieve algunos conceptos o relaciones que no pudimos establecer en aquel momento y que retomamos en este apartado a la luz de nuestra madurez como investigadoras.

Metodológicamente el trabajo tiene relevancia para los anales de la historia por diversos motivos: por un lado, rescata de actas notariales de un archivo del interior del espacio colonial información que, de otro modo, se hubiese perdido, dado su deficiente estado de conservación; y, por otro lado, presenta series cuantitativas en un período preestadístico construidas a partir de la lectura y análisis sistemático y completo de actas notariales entre 1580 y 1640.

Este proceso de datificación[312] fue muy importante, pues, al no existir censos en el período ni tampoco registros parroquiales, la única manera de encontrar a esta población era a través de los documentos en los que aparecían como bienes mercantiles. Aún con estos documentos, fue necesario crear a partir de la información el dato que se sistematizó en bases secuenciadas (realizadas a mano alzada en papel y que luego trasladamos a una computadora para poder realizar no solo los gráficos, ilustraciones, mapas, cuadros y tablas, sino también el análisis de contenidos). Este proceso permitió a través del cruce de datos de fuentes distintas, salir del paradigma de la compraventa donde los esclavos eran solo una pieza, para adentrarnos en la reconstrucción de un espacio social construido a través del comercio y en el cual los esclavos eran solo una parte, fundamental en sí, pero no escindida de la sociedad, en la cual estas personas pasarían a ser un actor/integrante de la vida cotidiana. Así, pese a estar mirando al objeto de estudio desde la historia económica, paulatinamente fue emergiendo una historia social de la trata. De tal manera que el territorio que emergía de este conjunto de relaciones adquirió una configuración humana y ya no solo comercial.

Nuestra intención inicial fue descubrir el simple hecho de si habían existido esclavos en Córdoba, entender cómo habían llegado, por qué y para qué. Las actas notariales de compraventa eran áridas para encontrar a un ser humano tras el bien mercantil. Las tachas grabadas a fuego en el cuerpo de los esclavos eran marcas de identificación de un producto (algo así como un código de barras actual). Los documentos que supuestamente brindaban información más humana, como las dotes, permitían imaginar que, amén del valor mercantil que pagaba un padre para dotar a su hija de un buen marido, había al menos la posibilidad de escoger que ciertas personas, con las que posiblemente había crecido, seguirían con esta joven en su nueva vida marital. Asimismo, los testamentos llevaban a la culpa, a la búsqueda de redención y al temor a Dios, más que a la búsqueda de perdón de algún hijo o hija bastardo que había crecido bajo su techo en la esclavitud. Los pleitos judiciales, si bien abrieron nuestro camino en un sinnúmero de posibilidades para averiguar cómo se utilizó y configuró el espacio rioplatense a medida que este tráfico crecía, entender cómo se ingresaban los esclavos y comprender el porqué les ponían numerosos atuendos y en el camino los iban despojando de estos bienes para venderlos, dejándolos como maniquíes casi desnudos, solo algunos pleitos nos permitieron adentrarnos en una veta más humana, que tal vez, en ese momento, por inexperiencia o falta de tiempo no pudimos ahondar. Entre esos datos podemos mencionar por ejemplo: un pleito por brujería por el que quemaron a una negra esclava y otro, más extraño aún para nosotras de comprender, como el de un esclavo ya liberado que atacó a un enemigo de su examo y fue castigado por ello. Esto último, sobre todo, nos abría

---

[312] Siguiendo la idea de Pita, Grillo y Morales (2020, pp. 191-204), la datificación es un término que refiere a "la manera en que se construyó el andamiaje relacional de los datos significación para su recombinación e integración posterior (…) pasar de lo dado al dato consiste en dotar de significación a un fenómeno percibido, generar un ordenamiento, una formalización".

un mundo de preguntas: ¿Por qué alguien que sufrió la esclavitud era capaz de dar su vida por aquel que lo había comprado?

Esta pregunta sigue sin ser respondida. Posiblemente porque la perspectiva inicial que tomamos desde la historia económica no daba lugar a ese tipo de respuestas o quizás porque las características de los documentos en los cuales estas personas eran consideradas un bien mercantil de trabajo o de intercambio, tal como lo era la compraventa de una mula o un inmueble, no daba la información necesaria para responderlas más allá de la imaginación o la suposición extemporánea. Por ello, y tras la finalización del trabajo en los años siguientes, hicimos nuevas preguntas sobre esta población de migración involuntaria, así como sobre la construcción del espacio y las redes que le dieron vida y lo geografizaban.

La primera línea fue seguida por Alexandra en otros trabajos sobre esta población en el siglo XVIII. La duda de qué había pasado con esta numerosa población comenzó a tener algunas respuestas a través del análisis de las actas de bautismo, donde lo que se observaba era un fuerte mestizaje, uno que posiblemente de manera natural y otro tanto forzado por la implementación de medidas más estrictas de control social, como los papeles que afirmaban "tenía la sangre limpia al no tener ninguna ascendencia de negros". Se observaba también el importante papel de las mujeres, sus redes y complicidades con otras mujeres que servían de madrinas, aunque fueran de otros grupos étnicos, su insistencia en convencer (con dádivas posiblemente) al sacerdote para que afirmara que sus hijos/as no eran negros, sino al menos mulatos o mestizos. En otro trabajo (igualmente inédito) Alexandra estudió la desmembración de las familias cuando, tras la expulsión de los jesuitas, se remataron sus bienes, entre ellos sus esclavos. Ninguno de estos trabajos permitió responder del todo qué había pasado con esta población en Córdoba, pero comenzó a trazar una respuesta que otros investigadores avanzarían después no sobre la desaparición de los esclavos, sino sobre su invisibilización en el siglo XIX. Mucho tiempo después, Alexandra cambió de siglo de estudio al analizar las redes de intelectuales antiimperialistas latinoamericanas que buscaban crear una unión entre estos países. Aunque parecían mundos distintos, ambos compartían de alguna manera tanto la (aún) ilusa convicción de que los sueños y utopías merecían un lugar en la historia, aunque no se hubieran concretado.

Por su parte, Claudia, siguió su camino profundizando hasta límites que nunca imaginó en la geografía humana para preguntarse por otros procesos de comodificación que implicaban no solo la mercantilización de esclavos o posteriormente la apropiación flexible de la mano de obra de trabajadores industriales, sino también la de los mismos espacios urbanos donde se desarrollaban esas actividades. Así, su pasión hacia la geografía no la alejó empero de su formación histórica, la cual le permitió dar una nueva dimensión tanto a los períodos estudiados en sus investigaciones iniciales como para buscar esa profundidad en la comprensión de los procesos que compartimos los historiadores en una búsqueda quijotesca por "comprenderlo todo". Profundizó en cada una de sus investigaciones posteriores como el territorio es una construcción social a través de espaciotiempo. Una construcción dotada de razón y emoción. Allí surgieron nuevos objetos de estudio dentro de la historia local pero no ya en un período de capitalismo mercantil cuyo objeto en cuestión habían sido los esclavos, sino en uno de capitalismo financiero que hacia finales del siglo xx y comienzos del siglo xxi derivó en procesos de reestructuración de actividades industriales y de servicios con impacto socioambiental en los espacios urbanos. Pero en todos los casos, el común denominador para sus estudios de comodificación de los espacios fue el trabajo y sus interrelaciones como motor de la configuración territorial.

Su interés por los esclavos nunca desapareció, aunque no fue más un objeto de estudio hasta este momento en que estas investigadoras se reencontraron para reescribir este libro y publicarlo. Un momento en que, treinta años después, recordamos la alegría de encontrar cada documento, la emoción de "descubrir" esta historia ocultada entre libros viejos a puntos de desaparecer.

Un recuerdo nos permite dar cierre a esta historia y comentar la emoción revivida conjuntamente cuando Claudia le contó a Alexandra su sorpresa por descubrir, tras visitar a su abuela materna en el hospital, que su familia, supuestamente blanca y con tan solo una abuela mestiza, descendía de afrocordobeses, específicamente de los "negros cimarrones de Tulumba". Ante la sorpresa de una nieta que no salía de su asombro, la abuela le advirtió: "pero de eso no se habla". Cuándo y cómo llegaron no lo sabemos, pero en sus venas, como en la de muchos de los cordobeses corre esta sangre, que es herencia, identidad y memoria. Como dice Miguel Ángel Rosal, hay que abandonar el mito de la Argentina racialmente blanca y europea, y comprender que muchos de los barcos de los cuales también "descendemos" eran negreros.[313]

Esperamos, que este trabajo, sirva a otros para seguir avanzando en la investigación histórica de estas comunidades subalternizadas e invisibilizadas. Para nosotras fue nuestro primer impulso para convertirnos en historiadoras y significó, años después, una grata emoción al reencontrarnos como amigas.

---

[313] Rosal, 2010.

Bibliografía

Abercrombie, Thomas. (1991). Articulación doble y etnogénesis. En: Moreno Yánez, Segundo; Frank Salomon (comp.). *Reproducción y transformación de las sociedades andinas, siglos xvi-xx*. Ediciones Abya-Yala, tomo I, pp. 197-212.

Assadourian, Carlos Sempat. (1965). El tráfico de esclavos en Córdoba, 1588-1610. *Cuadernos de Historia, 32*. Dirección General de Publicaciones de la Universidad Nacional de Córdoba, Instituto de Estudios Americanistas.

Assadourian, Carlos Sempat. (1983). *El sistema de la economía colonial. El mercado interior, regiones y espacio económico*. Nueva Imagen. ISBN: 9789684293618, 9684293615.

Assadourian, Carlos Sempat; Beato, Guillermo y Chiaramonte, José Carlos. (1986). *Argentina: de la conquista a la independencia*. Hyspamérica. ISBN: 9506143870.

Becerra, María José. (2008). Estudios sobre esclavitud en Córdoba: análisis y perspectivas. En: Becerra, María José (comp.). *Los estudios afroamericanos y africanos en América Latina: herencia, presencia y visiones del otro*. En línea. CEA-UNC, Centro de Estudios Avanzados-Universidad Nacional de Córdoba; CLACSO, Consejo Latinoamericano de Ciencias Sociales, pp. 145-163. Disponible en: http://bibliotecavirtual.clacso.org.ar/clacso/coediciones/20100823032215/09bece.pdf

Becerra, María José y Buffa, Diego. (2012). La población afrodescendiente en América Latina y el Caribe. En: Becerra, María José; Diego Buffa, Hamurabi Noufouri; Mario Ayala (comp.). *Las poblaciones afrodescendientes de América Latina y el Caribe. Pasado, presente y perspectiva desde el siglo xxi.* Universidad Nacional de Córdoba; Universidad Nacional de Tres de Febrero, pp. 333-353. ISBN 978-987-1742-26-4.

Borja de Flores, Justina y Gould, Eduardo. (1978). *Contribución al estudio de las vías de comunicación en la jurisdicción de la ciudad de Córdoba.* Córdoba: Seminario final de Licenciatura de Historia, Escuela de Historia, Universidad Nacional de Córdoba.

Borucki, Alex; Eltis, David y Wheat, David. (2020). *From de Galleons to the Highlands: Slave Trade Routes in the Spanish Americas.* Univesity of New Mexico Press.

Bowser, Frederick P. (1977). *El esclavo africano en el Perú colonial 1524-1650.* Siglo Veintiuno Editores. ISBN: 9789682306754.

Bowser, Frederick P. (1990). Los africanos en la sociedad de la América española colonial. En: Bethell, Leslie (Ed.). *Historia de América Latina.* Cambridge University Press y Crítica, tomo IV, cap. 5, pp. 138-156. ISBN-10: 8474234352 / ISBN-13: 978-8474234350.

Braudel, Fernand. (1948). Du Potosi à Buenos Aires: une route clandestine de l'argent. En línea. *Annales. Economies, sociétés, civilisations, 3*(4), 546-550. https://doi.org/10.3406/ahess.1948.2381

Buffa, Diego; Becerra, María Jose (2014). Tan lejos y tan cerca. África y los Afrodescendientes. En: Vassallo, Jaqueline; Pereyra, Liliana (comp.) *La facultad de filosofia en cuatrociencia. Experiencias y saberes compartidos.* Universidad Nacional de Córdoba, pp 12-20. ISBN 978-950-33-1107-3

Canabrava, Alice Piffer. (1984). *O comércio português no Rio da Prata (1580-1640).* Itatiaia, Limitada da Universidad de Sao Paulo. ISBN-10: 8531906229 / ISBN-13: 978-8531906220.

Cham, Gerardo; Fregoso, Gisela C.; Raussert, Wilfried y Rey, Nicolas (Eds.). (2024). *Afros al Frente: racismo, resistencia y lucha.* CALAS/CLACSO. ISBN: 978-987-813-796-4. https://doi.org/10.54871/ca24af00

Claval, Paul. (1979). *La nueva geografía.* Oikos-Tau. ISBN: 84-281-0413-1.

Curtin, Philip D. (1969). *The Atlantic Slave Trade: A Census.* The University of Wisconsin Press. ISBN 10: 029954004 / ISBN 13, 978-0299054007

Dollfus, Oliver. (1978). *El análisis geográfico.* Oikos-Tau. ISBN: 84-281-0380-1.

Dollfus, Oliver. (1990). *El espacio geográfico.* Oikos-Tau. ISBN: 84-281-0303-8.

Escobari de Querejazu, Laura. (1985). *Producción y comercio en el espacio sur andino en el siglo XVII: Cuzco-Potosí, 1650-1700*. Embajada de España en Bolivia. Colección Arzans y Vela.

Galván de Somoza, Norma Clara. (1982). Las ordenanzas de la Real Aduana de Córdoba. *Investigaciones y Ensayos, 33*, 491-524. ISSNe: 2545-7055. ISSN: 0539-242X.

Garzón Maceda, Ceferino. (1968). *Economía del Tucumán. Economía natural y economía monetaria, siglos XVI-XVII y XVIII*. Universidad Nacional de Córdoba. Instituto de Estudios Americanistas N.º XXXV.

Garavaglia, Juan Carlos. (1983). *Mercado interno y economía colonial*. Grijalbo. ISBN: 9684193521.

Gilroy, Paul. (1995). *The Black Atlantic: Modernity and Double-Consciousness*. Harvard University Press. ISBN 9780674076068.

Glave Testino, Luis Miguel. (1983). Trajines. Un capítulo en la formación del Mercado Interno Colonial. *Revista Andina, 1*(1), 9-76. ISSN: 0259-9600.

Glave Testino, Luis Miguel. (1986). *El Virreinato peruano y la llamada crisis general del siglo XVII*. Universidad de Lima.

González Navarro, Constanza María. (2023). Distancia y representación en la administración de justicia. Córdoba en el último cuarto del siglo XVI. En línea. *Memoria americana. Cuadernos de etnohistoria, 31*(2), 30-56. https://doi.org/10.34096/mace.v31i2.12575

Irving, Leonard A. (1992). *Viajeros por la América latina colonial*. México: Fondo de Cultura Económica. ISBN: 9789681634469, 9681634462

Jones, Branwen. (2012). Slavery, Finance and International Political Economy: Postcolonial reflections. En: Seth, Sanjay (ed.). *Postcolonial Theory and International Relations A Critical Introduction*. Routledge, pp. 49-69. ISBN: 9780415582889.

Klein, Herbert S. (1993). Las características demográficas del comercio atlántico de esclavos hacia Latinoamérica. *Boletín del Instituto de Historia Argentina y Americana, "Dr. Emilio Ravignani", 8*, 7-27. ISSN: 0524-9767.

Lockhart, James. (1982). *El mundo hispano peruano, 1532-1560*. México: Fondo de Cultura Económica. ISBN: 9681611802, 9789681611804

Martínez de Sánchez, Ana María. (2015). Vivir y morir en los confines meridionales. Los africanos y sus descendientes en Córdoba del Tucumán. En: Martín Casares, Aurelia (ed.). *Esclavitud, mestizaje y abolicionismo en los mundos hispánicos*. Universidad de Granada, pp. 15-41.

Mauro, Frédéric. (1989). *Portugal o Brasil e o Atlântico, 1570-1670* (Vol. I). Editorial Estampa. ISBN-10: 9723308207, ISBN-13: 978-9723308204.

Mellafe Rojas, Rolando. (1984a). *La esclavitud en Hispanoamérica*. Eudeba. ISBN: 9789502300771, 9502300777.

Mellafe Rojas, Rolando. (1984b). *La introducción de la esclavitud negra en Chile. Tráfico y Rutas*. Editorial Universitaria.

Méndez, Ricardo. (1992). El espacio de la geografía humana. En: Estébanez, José; Ricardo Méndez y Rafael Puyol. *Geografía Humana.* Ediciones Cátedra, pp. 9-50. ISBN 84-376-0741-8.

Molina, Raúl. (1966). *Las primeras experiencias comerciales del plata. El comercio marítimo, 1580-1700*. Talleres Gráficos Dorrego.

Mörner, Magnus. (1969). *La mezcla de razas en la historia de América Latina*. Paidós.

Moutoukias, Zacarías. (1988). *Contrabando y control colonial en el siglo xvii: Buenos Aires, el Atlántico y el espacio peruano*. Centro Editor de América Latina. ISBN: 950-25-1330-4.

Ostuni, Josefina. (1992). *Introducción a la geografía. Iniciación en la problemática del espacio geográfico*. Ceyne. ISBN: 9789509871243, 9509871249.

Otonello, María Marta y Lorandi, Ana María. (1987). *Introducción a la Arqueología y Etnología. Diez mil años de Historia Argentina.* Editorial Eudeba. ISBN: 9502303768, 9789502303765.

Piana, Josefina. (1992). *Los indígenas de Córdoba bajo el régimen colonial, 1570-1620*. Dirección General de Publicaciones de la Universidad Nacional de Córdoba. ISBN 9503300509, 9789503300503.

Pita González, Alexandra y Tomadoni, Claudia. (1992). *La participación de los vecinos de Córdoba en el comercio de esclavos*. Ponencia en la Conferencia Internacional "Presencia de África en América".

Pita González, Alexandra y Tomadoni, Claudia. (1994). *El comercio de esclavos en el espacio cordobés (1588-1640*. Tesis inédita: Escuela de Historia. Universidad Nacional de Córdoba.

Pita González, Alexandra; Grillo, María del Carmen y Morales, Fernando. (2020). La datificación como propuesta de análisis. El caso de la Revista Historia de América, 1938-1948. *Revista de Historia de América*, *159*, 189-224. ISSN: 0034-8325. ISSN: 2663-371X. https://doi.org/10.35424/rha.159.2020.723

Ramírez, Agustín. (2018). *"Córdoba es afrodescendiente": Etnografía sobre la emergencia de identificaciones "afrocordobesas" y la organización de la Mesa Afro Córdoba*. Tesis final de licenciatura en Antropología. Universidad Nacional de Córdoba.

Raussert, Wilfried y Steinitz, Matti. (2022). *Black Power in Hemispheric Perspective. Movements and Cultures of Resistence in the Black Americas*. WVT. ISBN 978-3-86821-959-3, 292.

Raussert, Wilfried. (2024). Presentación Afros al Frente: racismo, resistencia y lucha. En: Cham, Gerardo, Gisela Fregoso, Wilfried Raussert y Nicolas Rey (comp.). *Afros al frente: racismo, resistencia y lucha*. CALAS/CLACSO, pp. 9-21. ISBN 978-987-813-796-4. https://doi.org/10.54871/ca24af1a

Rosal, Miguel Ángel. (2010). *Africanos y afrodescendientes en el Río de la Plata. Siglos XVIII-XIX*. Editorial Dunken.

Schultz, Kara D. (2017). Interwoven: Slaving in the Southern Atlantic under the union of the Iberian Crowns, 1580-1640. *Journal of Global Slavery*, *2*(3), 248-272. ISSN 2405-836X. https://doi.org/10.1163/2405836X-00203003.

Segreti, Carlos S. A. (comp.). (1973). *Córdoba ciudad y provincia (siglos XVI-XX). Según relatos de viajeros y otros testimonios.* Junta Provincial de Historia de Córdoba.

Tannenbau, Frank. (1968). El negro en las Américas. Esclavo y ciudadano. Buenos Aires: Paidós, Biblioteca América Latina.

Tomadoni, Claudia. (2024). Espacio, territorio y ambiente: conceptualizaciones en el contexto de la(s)crisis. *Geograficando*, *20*(2), e170. https://doi.org/10.24215/2346898Xe170

Vila Vilar, Enriqueta. (1973). Los asientos portugueses y el contrabando de negros. *Anuario de estudios americanos*, *30*, 557-609. ISSN: 0210-5810.

Vilar, Pierre. (1974). *Crecimiento y desarrollo*. Ariel. ISBN: 9788434465015, 8434465019

Zeuske, Michael. (2024). *Afro-latinidad e historia de las esclavitudes*. Editorial Universidad de Guadalajara; Bielefeld University Press; EUCR; FLACSO Ecuador; UNSAM Edita. https://doi.org/10.1515/9783839473009

Abreviaturas

A.H.P.C.: Archivo Histórico de la Provincia de Córdoba.

A.M.: Actas Capitulares publicadas por Luis Santillán Vélez (edición 1882).

Esc.: escribanía.

Leg.: legajo.

Exp.: expediente.

Anexos

Observaciones generales para la lectura de los anexos

Todos los anexos fueron construidos en base a la lectura sistemática de fuentes documentales localizadas en el Archivo Histórico de la Provincia de Córdoba. Dicho trabajo tuvo lugar entre los años 1990-1994. A continuación, compartimos una serie de observaciones para su lectura:

Anexo A: En la primera columna se incluye el total de piezas que figuran en las transacciones; en la siguiente se discrimina el número de piezas que han sido vendidas en más de una ocasión. La tercera columna indica la cantidad real de "piezas" que se compran y venden en las transacciones, resultado de la diferencia entre total de "piezas" y "piezas revendidas", que sumadas al número de crías dan la población real de esclavos vendidos en el distrito.

*1 Pieza (Ver nota al pie 9).

*2 Cría (Ver notas al pie 9 y 43).

Anexo B: Los años 1589, 1592, 1633, 1635 y 1636 no figuran en la serie pues no se realizan en ellos transacciones con esclavos.

Anexo C1: En este anexo hemos contabilizado a todas aquellos compradores y vendedores que aparecen cada año en las transacciones de la jurisdicción. Los que hayan realizado más de una transacción bajo la misma calidad de comprador o vendedor en ese año, son contabilizados una sola vez. Debemos aclarar también que, cuando quien efectúa una compraventa es un matrimonio, se contabiliza una sola persona; en cambio cuando es efectuada por una asociación de varias personas, se considera a todas las personas intervinientes.

Anexo H: Aclaraciones conceptuales.

*1 Bozal: Esclavo recién llegado de África.

*2 Ladino: Esclavo que ha vivido entre españoles antes de la venta y conoce tanto el idioma como las costumbres españolas.

*3 No indica: Están incluidos en esta categoría aquellos esclavos de los cuales no se especifican o presentan cartas de venta de dueños anteriores o dicen ser comprados a dueños anteriores, pero no se explicita cuanto tiempo tienen de residencia.

Anexo A: Piezas de esclavos vendidas en Córdoba entre 1588-1640

Año	Total de "piezas" vendidas	"Piezas" revendidas	Cantidad real de "piezas" en transacción	Crías	Población real de esclavos vendidos
1590	2	0	2	0	2
1591	13	2	11	0	11
1593	4	0	4	0	4
1594	10	0	10	1	11
1595	101	0	101	0	101
1596	30	6	24	1	25
1597	58	4	54	0	54
1598	19	1	18	0	18
1599	41	4	37	1	38
1600	18	0	18	0	18
1601	49	0	49	1	50
1602	48	0	48	2	50
1603	7	0	7	0	7
1604	51	2	49	4	53
1605	38	1	37	0	37
1606	40	0	40	0	40
1607	21	1	20	2	22
1608	23	5	18	1	19
1609	15	1	15	2	17
1610	1	0	1	0	1
1611	24	0	24	0	24
1612	37	1	36	0	36
1613	21	0	21	2	23
1614	30	0	30	1	31
1615	102	1	100	5	105
1616	33	0	33	1	34
1617	3	0	3	0	3

(Continúa en la página siguiente)

(Continúa de la página anterior)

Año	Total de "piezas" vendidas	"Piezas" revendidas	Cantidad real de "piezas" en transacción	Crías	Población real de esclavos vendidos
1618	17	0	17	2	19
1619	24	2	22	2	24
1620	40	1	39	6	45
1621	59	0	59	0	59
1622	26	1	25	0	25
1623	12	0	12	1	13
1624	29	0	29	2	31
1625	16	0	16	0	16
1626	14	0	14	0	14
1627	37	1	36	4	40
1628	26	0	26	3	29
1629	4	0	4	0	4
1630	5	0	5	0	5
1631	13	0	13	4	17
1632	2	0	2	0	2
1634	5	0	5	1	6
1637	2	0	2	0	2
1638	15	0	15	0	15
1639	4	0	4	0	4
1640	2	0	2	0	2
TOTALES	1193	34	1159	49	1208

Fuente: elaboración propia según registros notariales del A.H.P.C.

Anexo B: Formas y medios de pago entre 1588-1640 (valores en pesos)

	CONTADO			DIFERIDO			
Año	En metálico	En mercancías	Subtotal	En metálico	En mercancías	Subtotal	TOTAL
1588	1000	0	1000	0	0	0	1000
1590	1000	0	1000	0	0	0	1000
1591	2092	0	2092	312	0	312	2404
1593	570	0	570	0	0	0	570
1594	400	200	600	3450	198	3648	4248
1595	1200	0	1200	18000	0	18000	19200
1596	6015	420	6435	750	0	750	7185
1597	11232	3935	15167	0	0	0	15167
1598	4867	475	5342	0	0	0	5342
1599	9135	300	9435	3060	0	3060	12495
1600	3428	0	3428	1300	0	1300	4728

(Continúa en la página siguiente)

(Continúa de la página anterior)

| Año | CONTADO | | | DIFERIDO | | | |
	En metálico	En mercancías	Subtotal	En metálico	En mercancías	Subtotal	TOTAL
1601	4677	210	4887	5184	450	5634	10521
1602	5280	0	5280	7600	0	7600	12880
1603	1470	0	1470	0	270	270	1740
1604	11547	0	11547	2270	1399	3669	15216
1605	1480	0	1480	9190	0	9190	10670
1606	5131	0	5131	7740	0	7740	12871
1607	6896	0	6896	0	0	0	6896
1608	3885	0	3885	3850	0	3850	7735
1609	6468	0	6468	0	0	0	6468
1610	350	0	350	0	0	0	350
1611	8575	700	9275	0	0	0	9275
1612	10629	0	10629	2360	200	2560	13189
1613	6880	420	7300	100	0	100	7400
1614	6765	0	6765	2672	0	2672	9437
1615	15670	225	15895	17727	800	18527	34422
1616	10550	0	10550	980	0	980	11530
1617	1120	0	1120	0	0	0	1120
1618	5760	0	5760	480	0	480	6240
1619	8380	0	8380	1000	0	1000	9380
1620	13321	0	13321	2000	400	2400	15721
1621	7027	0	7027	12440	4657	17097	24124
1622	6357	430	6787	2030	0	2030	8817
1623	2331	1574	3905	0	0	0	3905
1624	7724	0	7724	1945	790	2735	10459
1625	2260	210	2470	2143	667	2810	5280
1626	5280	0	5280	0	0	0	5280
1627	14077	0	14077	550	1445	1995	16072
1628	5630	0	5630	0	1170	1170	6800
1629	1630	150	1780	0	0	0	1780
1630	820	0	820	0	825	825	1645
1631	4035	400	4435	0	970	970	5405
1632	940	0	940	0	0	0	940
1634	1690	500	2190	0	0	0	2190
1637	630	0	630	0	0	0	630
1638	2516	1000	3516	1300	0	1300	4816
1639	554	350	904	0	280	280	1184
1640	675	0	675	0	0	0	675
Totales	$239949	$11499	$251448	$110433	$14521	$124954	$376402

Fuente: elaboración propia según registros notariales del A.H.P.C.

Anexo C1: Número de transacciones por cantidad de participantes entre 1588-1640

Año	Número de transacciones	Totales		Vecinos		Residentes		Estantes		Religiosos		No indica	
1588	1	1	1	0	0	0	1	0	0	1	0	0	0
1590	1	1	1	0	0	0	0	0	0	1	1	0	0
1591	6	6	6	2	2	3	1	1	2	0	1	0	0
1593	3	2	3	0	0	1	2	1	1	0	0	0	0
1594	3	2	2	0	0	1	2	1	0	0	0	0	0
1595	3	5	3	0	1	0	1	1	0	1	0	3	1
1596	2	10	10	2	3	4	4	2	2	1	1	1	0
1597	32	24	24	1	6	18	13	3	2	2	0	2	1
1598	15	12	13	3	8	4	5	2	0	0	0	3	0
1599	24	15	15	5	3	9	10	0	0	1	2	0	0
1600	12	11	11	1	4	6	6	2	1	2	0	0	0
1601	19	20	16	7	8	9	7	1	0	3	0	0	1
1602	12	10	10	0	6	5	3	4	1	1	0	0	0
1603	6	6	5	4	1	2	2	0	2	0	0	0	0
1604	23	21	18	3	7	10	7	6	3	2	1	0	0
1605	12	12	9	3	2	5	1	2	5	1	1	1	0
1606	15	13	15	5	6	6	9	1	0	1	0	0	0
1607	11	10	11	5	2	2	3	2	5	0	1	1	0
1608	12	12	11	3	3	5	8	0	0	1	0	3	0
1609	11	9	9	5	6	2	3	1	0	0	0	1	0
1610	1	1	1	1	0	0	1	0	0	0	0	0	0
1611	4	4	4	1	2	2	2	0	0	0	0	1	0
1612	17	16	12	9	3	4	7	1	0	1	2	1	0
1613	16	14	13	10	5	3	8	0	0	1	1	0	0
1614	13	12	10	9	6	1	3	1	1	0	0	1	0
1615	45	38	26	18	13	7	8	7	3	1	1	5	1
1616	17	15	15	9	8	1	4	1	0	0	1	4	2
1617	3	3	3	2	3	1	0	0	0	0	0	0	0
1618	12	11	12	6	7	0	2	2	3	1	0	2	0
1619	11	9	9	3	4	3	3	2	1	1	1	0	0
1620	23	20	19	9	6	4	4	3	6	0	2	4	1
1621	29	27	22	13	14	7	6	4	1	2	1	1	0
1622	16	16	14	9	6	3	4	2	1	0	3	2	0
1623	10	10	10	5	4	2	5	0	0	1	0	3	0
1624	21	19	16	4	5	3	9	5	0	3	0	4	0
1625	11	9	10	3	4	2	5	1	1	1	0	2	0

(Continúa en la página siguiente)

(Continúa de la página anterior)

Año	Número de transacciones	Totales		Vecinos		Residentes		Estantes		Religiosos		No indica	
1626	13	12	13	4	8	2	4	3	0	0	0	3	0
1627	21	16	15	3	9	4	6	5	1	0	0	4	0
1628	17	13	14	7	7	2	2	0	1	2	4	2	0
1629	3	3	3	1	2	0	1	1	0	0	0	1	0
1630	3	3	3	2	1	0	2	1	0	0	0	0	0
1631	9	8	8	1	3	3	5	2	1	1	0	1	0
1632	2	2	2	2	0	0	2	0	0	0	0	0	0
1634	5	5	5	1	4	0	0	2	0	1	0	1	0
1637	1	1	1	0	0	1	0	0	0	0	1	0	0
1638	3	3	3	0	2	0	0	2	1	1	0	0	0
1639	4	4	4	3	2	1	0	0	1	0	0	0	1
1640	2	2	2	0	2	0	0	0	2	0	0	0	0
TOTALES	555	498	462	184	198	148	181	75	48	35	25	57	8

Fuente: elaboración propia según registros notariales del A.H.P.C.

Anexo C2: Número de transacciones por monto de compraventas según participantes entre 1588-1640 (valores en pesos)

Año	N° de transacc.	Montos de las CV	Vecinos		Residentes		Estantes		Religiosos		No indica	
			C	V	C	V	C	V	C	V	C	V
1588	1	1000	0	0	0	1000	0	0	1000	0	0	0
1590	1	1000	0	0	0	0	0	0	1000	1000	0	0
1591	6	2404	1752	624	1580	512	312	1240	0	340	0	0
1593	3	570	0	0	450	490	120	80	0	0	0	0
1594	3	3809	0	0	3600	3650	50	0	0	0	0	0
1595	3	19200	0	700	0	500	500	0	700	0	18000	18000
1596	2	7185	0	1575	1810	3640	750	470	1400	1500	750	0
1597	32	15467	600	300	10680	10553	2305	900	500	180	1380	632
1598	15	5321	1009	3703	1220	1618	2267	0	0	0	825	0
1599	24	13495	3350	2965	7620	7125	0	0	600	2405	0	0
1600	12	4728	210	2980	1708	1530	1660	218	1150	0	0	0
1601	19	12121	8090	3171	2885	7400	290	0	856	0	0	550
1602	12	12880	0	3850	2065	470	10570	8320	245	240	0	0
1603	6	1740	1250	270	490	480	0	920	0	0	0	0
1604	23	15936	1124	6992	4202	2569	3435	5200	590	340	0	0
1605	12	10670	6300	415	1230	245	710	9760	250	250	1220	0
1606	15	12871	7641	5100	7700	7580	0	0	400	0	0	0

(Continúa en la página siguiente)

(Continúa de la página anterior)

Año	N° de transacc.	Montos de las CV	Vecinos		Residentes		Estantes		Religiosos		No indica	
			C	V	C	V	C	V	C	V	C	V
1607	11	6896	4896	2756	2490	960	800	540	0	500	700	0
1608	12	8135	4600	5100	4945	2375	0	0	400	0	880	0
1609	11	6468	2974	4196	2080	1900	370	0	0	0	750	0
1610	1	350	0	0	0	0	0	0	0	0	0	0
1611	4	9275	8700	700	8240	575	0	0	0	0	0	0
1612	17	13189	4044	660	1440	10135	6300	0	0	2174	330	0
1613	16	7400	5290	3130	1460	3450	0	0	350	500	0	0
1614	13	9737	5107	7190	3660	2047	300	500	0	0	700	0
1615	45	34422	24980	17480	3060	4017	4215	3480	400	350	4860	350
1616	17	11530	7225	3045	380	4010	300	1180	0	1875	3895	370
1617	3	1120	720	1120	400	0	0	0	0	0	0	0
1618	12	6240	4290	355	0	980	1000	1710	360	0	590	0
1619	11	9380	5100	6500	1110	1560	2850	320	320	1000	0	0
1620	23	16121	6740	4570	2600	1861	5420	7720	0	1520	1361	450
1621	29	23674	16687	15749	3400	4680	2417	460	770	2785	400	0
1622	16	8817	5637	5142	1400	2350	1050	400	0	925	730	0
1623	10	4305	2156	2645	670	1661	0	0	600	0	970	0
1624	21	10460	4910	3030	540	5950	2850	1480	1170	0	1290	0
1625	11	5660	2040	2420	1650	2670	920	470	510	0	540	0
1626	13	6602	2972	3580	1280	3022	1350	0	0	0	1000	0
1627	21	16072	3880	5852	5627	9220	3875	0	0	0	2750	0
1628	17	7400	2035	2975	750	1035	0	370	725	1110	1970	0
1629	3	1708	380	980	0	800	800	0	0	0	600	0
1630	3	1645	1045	825	0	820	600	0	0	0	0	0
1631	9	5405	330	1870	2825	3535	1370	0	500	0	380	0
1632	2	940	940	1720	0	940	0	0	0	0	0	0
1634	5	2190	500	0	0	0	910	470	500	0	280	0
1637	1	6000	0	1326	630	0	0	0	0	630	0	0
1638	3	5626	0	650	0	0	1326	4300	4300	0	0	0
1639	4	1162	930	0	232	0	0	280	0	0	0	232
1640	2	675	675	0	0	0	0	675	0	0	0	0
TOTAL	555	$389001	$161109	$138211	$98109	$119915	$61992	$51463	$19596	$19624	$47486	$20584

CV: compraventa; C: compra; V: venta.
Fuente: elaboración propia según registros notariales del A.H.P.C.

Anexo D: Origen de los esclavos que llegan al distrito entre 1588-1640

Año	Angola	Guinea	No indica	Criollo	Indio del Brasil	Criollo del Brasil	Otros indios	Benin	Congo	Zape de los ríos	Japón	Mulato
1588	2	0	0	0	0	0	0	0	0	0	0	0
1590	2	0	0	0	0	0	0	0	0	0	0	0
1591	0	0	0	0	11	0	0	0	0	0	0	0
1593	0	0	0	0	4	0	0	0	0	0	0	0
1594	3	6	0	0	2	0	0	0	0	0	0	0
1595	3	98	0	0	0	0	0	0	0	0	0	0
1596	0	22	0	0	1	0	1	0	0	0	1	0
1597	40	8	3	0	2	0	0	1	0	0	0	0
1598	15	2	1	0	0	0	0	0	0	0	0	0
1599	23	6	4	0	0	2	0	0	0	0	0	3
1600	13	0	4	0	1	0	0	0	0	0	0	0
1601	45	3	2	0	0	0	0	0	0	0	0	0
1602	47	0	0	1	1	0	0	0	1	0	0	0
1603	7	0	0	0	0	0	0	0	0	0	0	0
1604	52	0	1	0	0	0	0	0	0	0	0	0
1605	37	0	0	0	0	0	0	0	0	0	0	0
1606	30	7	2	1	0	0	0	0	0	0	0	0
1607	16	0	5	1	0	0	0	0	0	0	0	0
1608	8	0	11	0	0	0	0	0	0	0	0	0
1609	9	0	7	0	0	0	1	0	0	0	0	0
1610	1	0	0	0	0	0	0	0	0	0	0	0
1611	0	20	3	0	0	0	0	0	1	0	0	0
1612	25	0	11	0	0	0	0	0	0	0	0	0
1613	9	0	13	0	0	0	0	0	0	0	0	1
1614	25	0	6	0	0	0	0	0	0	0	0	0
1615	69	12	22	1	0	1	0	0	0	0	0	0
1616	31	0	3	0	0	0	0	0	0	0	0	0
1617	3	0	0	0	0	0	0	0	0	0	0	1
1618	15	0	1	3	0	0	0	0	0	0	0	0
1619	4	13	6	1	0	0	0	0	0	0	0	0
1620	10	3	27	4	0	0	0	0	0	0	0	1
1621	26	21	12	0	0	0	0	0	0	0	0	0
1622	8	3	11	2	0	1	0	0	0	0	0	0
1623	1	1	6	1	0	0	0	0	0	0	0	3
1624	8	0	18	1	0	0	0	0	0	0	0	4
1625	12	0	3	1	0	0	0	0	0	0	0	0
1626	4	0	6	4	0	0	0	0	0	0	0	0
1627	13	0	20	7	0	0	0	0	0	0	0	0
1628	22	0	6	1	0	0	0	0	0	0	0	0
1629	3	0	1	0	0	0	0	0	0	0	0	0

(Continúa en la página siguiente)

(Continúa de la página anterior)

Año	Angola	Guinea	No indica	Criollo	Indio del Brasil	Criollo del Brasil	Otros indios	Benin	Congo	Zape de los ríos	Japón	Mulato
1630	5	0	0	0	0	0	0	0	0	0	0	0
1631	2	0	12	3	0	0	0	0	0	0	0	0
1632	1	0	0	0	0	0	0	0	0	0	0	1
1634	1	0	1	3	0	0	0	0	0	1	0	0
1637	2	0	0	0	0	0	0	0	0	0	0	0
1638	12	0	3	0	0	0	0	0	0	0	0	0
1639	0	0	3	0	0	0	0	0	0	0	0	1
1640	0	0	2	0	0	0	0	0	0	0	0	0
TOTAL	664	225	236	35	22	4	2	1	2	1	1	15

Fuente: elaboración propia según registros notariales del A.H.P.C.

Anexo E: Lugar de las marcas de los esclavos en el cuerpo entre 1588-1640

1. Marca de la negra María en el pecho izquierdo (A.H.P.C. Esc. 1, leg. 60, exp. 5, año 1627).

2. Marca del muleque Manuel en el pecho derecho (A.H.P.C. Esc. 1, leg. 60, exp. 5, año 1627).

3. Marca del negro Antonio en el pecho izquierdo (A.H.P.C. Esc. 1, leg. 60, exp. 5, año 1627).

4. Marca de la negra Lucrecia en el pecho derecho (A.H.P.C. Esc. 1, leg. 60, exp. 5, año 1627).

5. Marcas del negro Manuel en el pecho y en el brazo derecho. También tiene otra confusa que no se puede identificar (A.H.P.C. Esc. 1. leg. 60, exp. 6, año 1628).

6. Marcas del negro Juan en el pecho derecho e izquierdo respectivamente (A.H.P.C. Esc. 1, leg. 60, exp. 6, año 1628).

7. Marcas del muleque Sebastián en el brazo derecho e izquierdo respectivamente (A.H.P.C. Esc. 1, leg. 60, exp. 6, año 1628).

8. Marcas de la negra Susana en el brazo derecho y en el pecho izquierdo (A.H.P.C. Esc. 1, leg. 63, exp. 9, año 1628-30).

9. Marcas de la muleca Gracia en el brazo derecho y en ambos pechos (A.H.P.C. Esc. 1, leg. 63, exp. 9, año 1628-30).

10. Marcas del negro Juan en el brazo derecho, pecho derecho e izquierdo respectivamente (A.H.P.C. Esc. 1, leg. 63, exp. 9, año 1628-30).

11. Marcas de la negra Luisa en ambos brazos y en el pecho (A.H.P.C. Esc. 1, leg. 60, exp. 6, año 1628).

12. Marcas del negro Juan en ambos brazos y en el pecho. También tiene otras marcas confusas que no se pueden identificar (A.H.P.C. Esc. 1, leg. 60, exp. 6, año 1628).

Anexo F: Sexo de los esclavos entre 1588-1640

Año	No indica	Femenino	Masculino	Total
1588	0	1	1	2
1590	0	0	2	2
1591	0	0	11	11
1593	0	2	2	4
1594	0	3	8	11
1595	0	41	60	101
1596	1	10	14	25
1597	5	20	29	54
1598	0	2	16	18
1599	0	11	27	38
1600	0	6	12	18
1601	0	20	30	50
1602	0	20	30	50
1603	0	6	1	7
1604	3	22	28	53
1605	4	19	14	37
1606	0	16	24	40
1607	0	7	15	22
1608	0	8	11	19
1609	0	6	11	17
1610	0	1	0	1
1611	20	0	4	24
1612	17	9	10	36
1613	0	12	11	23
1614	2	14	15	31
1615	16	40	50	106
1616	6	16	12	34
1617	0	2	1	3
1618	0	9	10	19
1619	0	8	16	24
1620	0	18	27	45
1621	0	33	26	59
1622	0	10	15	25
1623	0	4	8	12
1624	0	18	13	31
1625	0	3	13	16
1626	0	4	10	14
1627	3	17	20	40
1628	0	10	19	29
1629	0	1	3	4
1630	0	2	3	5

(Continúa en la página siguiente)

(Continúa de la página anterior)

Año	No indica	Femenino	Masculino	Total
1631	0	8	9	17
1632	0	1	1	2
1634	0	2	4	6
1637	0	1	1	2
1638	0	9	6	15
1639	0	1	3	4
1640	0	1	1	2
TOTALES	77	474	657	1208

Fuente: elaboración propia según registros notariales del A.H.P.C.

Anexo G: Cantidad de esclavos según grupo de edad entre 1588-1640

Año	0 a 10	11 a 15	16 a 30	31 o más	no indica	TOTAL
1588	0	0	2	0	0	2
1590	0	0	2	0	0	2
1591	0	3	3	0	5	11
1593	0	1	3	0	0	4
1594	2	3	5	0	1	11
1595	8	17	60	16	0	101
1596	5	2	9	7	2	25
1597	8	17	28	0	1	54
1598	1	9	8	0	0	18
1599	3	12	16	1	6	38
1600	0	6	12	0	0	18
1601	5	8	8	1	28	50
1602	2	6	10	0	32	50
1603	0	1	5	1	0	7
1604	4	5	34	2	8	53
1605	0	3	5	0	29	37
1606	0	5	26	1	8	40
1607	2	3	14	2	1	22
1608	1	2	8	0	8	19
1609	3	2	9	1	2	17
1610	0	0	1	0	0	1
1611	0	0	3	0	21	24
1612	1	7	8	2	19	36
1613	2	5	11	2	3	23
1614	3	3	12	0	13	31
1615	8	18	57	1	22	106

(Continúa en la página siguiente)

(Continúa de la página anterior)

Año	0 a 10	11 a 15	16 a 30	31 o más	no indica	TOTAL
1616	2	9	16	0	7	34
1617	0	0	3	0	0	3
1618	3	0	10	2	4	19
1619	3	1	8	1	11	24
1620	5	7	24	5	4	45
1621	0	0	15	1	43	59
1622	2	1	13	2	17	25
1623	1	2	5	0	4	12
1624	4	2	8	3	14	31
1625	2	2	12	0	0	16
1626	1	4	8	1	0	14
1627	6	0	13	1	19	40
1628	3	7	14	5	0	29
1629	0	1	3	0	0	4
1630	0	1	2	2	0	5
1631	4	1	7	2	3	17
1632	0	0	0	2	0	2
1634	1	1	1	0	3	6
1637	0	0	2	0	0	2
1638	0	0	0	0	15	15
1639	0	0	0	0	4	4
1640	0	0	0	0	2	2
TOTALES	95	177	523	64	359	1208

Fuente: elaboración propia según registros notariales del A.H.P.C.

Anexo H: Cantidad de esclavos según designación bozal o ladino entre 1588-1640

Año	Bozal *1	Ladino *2	No indica *3	Total
1588	0	0	2	2
1590	0	0	2	2
1591	0	0	11	11
1593	0	0	4	4
1594	11	0	0	11
1595	101	0	0	101
1596	13	0	12	25
1597	49	0	5	54
1598	15	0	3	18
1599	29	0	9	38
1600	16	0	2	18

(Continúa en la página siguiente)

(Continúa de la página anterior)

Año	Bozal *1	Ladino *2	No indica *3	Total
1601	44	1	5	50
1602	48	0	1	49
1603	6	0	1	7
1604	44	0	9	53
1605	33	0	4	37
1606	39	1	0	40
1607	20	2	0	22
1608	13	4	2	19
1609	12	2	3	17
1610	1	0	0	1
1611	24	0	0	24
1612	32	4	0	36
1613	17	1	5	23
1614	26	1	4	31
1615	91	3	12	106
1616	24	0	10	34
1617	3	0	0	3
1618	1	1	17	19
1619	9	4	11	24
1620	9	16	20	45
1621	38	0	21	59
1622	17	5	4	26
1623	3	2	7	12
1624	2	3	26	31
1625	2	1	13	16
1626	3	5	6	14
1627	3	9	28	40
1628	8	9	12	29
1629	0	0	4	4
1630	2	0	3	5
1631	0	5	12	17
1632	1	1	0	2
1633	0	0	0	0
1634	0	4	2	6
1635	0	0	0	0
1636	0	0	0	0
1637	2	0	0	2
1638	12	0	3	15
1639	0	1	3	4
1640	0	0	2	2
TOTALES	823	85	300	1208

Fuente: elaboración propia según registros notariales del A.H.P.C.